公务通用能力系列读本

调查研究

郑佳节　编著

中国人事出版社

图书在版编目（CIP）数据

调查研究/中国人事科学研究院组织编写；郑佳节编著. -- 北京：中国人事出版社，2020

（公务通用能力系列读本）

ISBN 978-7-5129-1396-7

Ⅰ.①调… Ⅱ.①中…②郑… Ⅲ.①调查研究-研究方法 Ⅳ.①C31

中国版本图书馆 CIP 数据核字（2019）第 192498 号

中国人事出版社出版发行

（北京市惠新东街 1 号　邮政编码：100029）

*

保定市中画美凯印刷有限公司印刷装订　　新华书店经销

880 毫米×1230 毫米　32 开本　6.25 印张　123 千字

2020 年 8 月第 1 版　2025 年 4 月第 6 次印刷

定价：20.00 元

营销中心电话：400-606-6496

出版社网址：http://www.class.com.cn

版权专有　　侵权必究

如有印装差错，请与本社联系调换：(010) 81211666

我社将与版权执法机关配合，大力打击盗印、销售和使用盗版图书活动，敬请广大读者协助举报，经查实将给予举报者奖励。

举报电话：(010) 64954652

前 言

公务即公共事务，是以公共力量推动社会良序发展、维护社会稳定、满足社会成员共同需求的一系列社会活动，具有明显的社会性、公共性、共享性和非营利性。首先，公共事务是在社会成员之间的交往和联系中产生的，随着社会的发展，其内涵和外延得以不断拓展。其次，公共事务涉及公共资源的运用与公共权力的运行，关涉到社会全体成员的共同利益和整体生活质量，是以实现公共利益为目的的。再次，公共事务为社会成员提供公共产品和公共服务，不具有排他性。最后，公共事务不以营利为目的，其宗旨是为社会成员谋福利。因而，对于具体从事公共事务管理工作的人员的素质和能力也有其特定的要求。

党的十九届四中全会提出，要坚持和完善中国特色社会主义制度，推进国家治理体系和治理能力现代化，这对公共事务管理提出了新的要求。公共事务管理水平的高低直接反映了政府的执政能力，体现了社会进步的程度以及人民的获得感、幸福感和满足感。公职人员是从事公共事务管理、提供公共服务的主体。公职人员的素质和能力与政府执政能力、社会管理与

调查研究

公共服务水平紧密相关。党的十九大报告指出："人民美好生活需要日益广泛，不仅对物质文化生活提出了更高要求，而且在民主、法治、公平、正义、安全、环境等方面的要求日益增长。"这为公职人员队伍能力建设指明了方向。因此，加强公职人员能力建设，培养和提升职业素养、专业能力和服务水平，对提升社会公共事业服务水平、推动经济发展和社会全面进步具有重要的现实意义。

公共事务管理涉及公共资源的合理配置、公共项目的实施和社会问题的解决等诸多方面，不仅需要公职人员掌握公共管理的理论知识、法律规章，而且要具备从事其管理工作所需的工作能力。这种能力当然包括在公共事务中不同领域开展工作的专业能力，而通用能力，即无论从事何种工作都要具备的能力，则更具有基础意义。

公务通用能力是公职人员应具备的基本素质和职业技能，是将观念、知识、技能整合性地运用到具体工作情景中，解决各类问题所需要具备的能力。具体来看，公务通用能力主要包含政治鉴别能力、组织协调能力、沟通交流能力、调查研究能力、公文写作能力、危机应对能力等。因此，公务通用能力的提升对从事公共事务管理工作的公职人员来说，具有极其重要的意义。

培养造就一支高素质、专业化的公职人员队伍并不断提高其素质、能力和水平，是全面建成小康社会、全面建设社会主义现代化强国、完善和发展中国特色社会主义进而实现中华民族伟大复兴中国梦的重要举措，而公职人员公务通用能力的培养是提升队伍素质和能力的重要途径。公务通用能力的培养不是一朝一夕的事情，是与公职人员终身学习紧密联系的，需要根据社会经济发展的需求和工作岗位职责的要求不断提升。同时，公务通用能力的提升既强调对基本能力的培养和提升，又强调对个体发展的培养与促进；既强调在工作场所中对公职人员进行培养和指导，又重视引导个体的自主性学习，是一项系统工程。

基于此，本套丛书以公职人员队伍建设的基本精神为依据，以公共管理与相关学科的基本理论为支撑，以公职人员为对象，以提高公职人员通用能力为宗旨，从公文写作、文档处理、调查研究、言语表达、沟通协调、会务组织、安全保密七个方面对公职人员应具备的通用素质和能力进行了阐述，介绍了公职人员需要了解的一些业务常识和工作实务知识及其相应的能力要求，并根据不同职级公职人员的特点进行了进一步细化分析，着力为公职人员素质和能力的提升与工作实务的开展提供有参考价值的读本。

本套丛书由中国人事科学研究院组织编写、余兴安院长担任主编。丛书共分为七个专题：第一专题《公文写作》由侯波、闫建华和常智慧编著；第二专题《文档处理》由夏宏图编著；第三专题《调查研究》由郑佳节编著；第四专题《言语表达》由孟庆伟编著；第五专题《沟通协调》由梁玉萍、丰存斌和刘军仪编著；第六专题《会务组织》由杨桐、赵玲玲和张文杰编著；第七专题《安全保密》由郭联发、廖金萍主编。丛书兼顾了系统性、理论性、知识性、可读性与实用性。一方面，通过

调查研究

复原工作场景,分析工作事项,明确解决问题的关键点,归纳工作方法和技巧,并梳理常见错误用以警醒,利于公职人员尽快掌握岗位基本要求,是一套紧密贴合公务工作要求的实用手册,可作为公职人员能力建设指导用书。另一方面,七个专题坚持以实用性为导向,通过大量事例帮助公职人员解决"做什么、怎么做、做错了怎么办"等问题,可以作为党政机关、人民团体、事业单位及国有企业工作人员的培训教材或学习用书。

目 录

第一章　重视调查研究工作 …………………………… 1
　第一节　调查研究的概念和历史 …………………………… 2
　第二节　调查研究的根本原则 …………………………… 9
　第三节　基层调查研究存在的问题及对策 …………………… 15

第二章　调查研究的选题与准备 …………………………… 22
　第一节　调查研究的选题确立 …………………………… 24
　第二节　调查研究的准备工作 …………………………… 33

第三章　调查研究的基本形式 …………………………… 42
　第一节　认真观察 …………………………………………… 43
　第二节　深入访谈 …………………………………………… 47
　第三节　设计问卷 …………………………………………… 55
　第四节　统计调查 …………………………………………… 63

第四章　调查研究的方法 …………………………… 68
　第一节　调查的基本方法 …………………………………… 68
　第二节　研究的基本方法 …………………………………… 87

第五章　提高调查研究质量 …………………………… 93
　第一节　注重点面结合 …………………………………… 93

I

第二节　坚持虚实并举 ································ 108
　　第三节　搞好定量定性 ································ 111
　　第四节　学会纵横比较 ································ 118
第六章　提高调查研究的效率 ···························· 121
　　第一节　如何理解调研有机整体 ······················ 121
　　第二节　调研中集约生产的应用 ······················ 124
　　第三节　调研中坚持常备不懈 ························ 128
第七章　调查研究报告写作 ······························ 132
　　第一节　关于调查研究报告的撰写 ···················· 132
　　第二节　调查研究报告的写作过程 ···················· 142
　　第三节　调查研究报告的写作要求 ···················· 147
第八章　调查研究成果的转化运用 ························ 154
　　第一节　调查研究成果的评价 ························ 154
　　第二节　调查研究成果的转化应用 ···················· 158
第九章　调研机构建设和队伍建设 ························ 168
　　第一节　建立健全调研机构 ·························· 168
　　第二节　调研队伍的结构与素质 ······················ 181
后记 ·· 192

第一章
重视调查研究工作

调查研究是谋事之基、成事之道。调查研究是一种行之有效的工作方法和基本的工作制度，也是人类有目的地认识和探索世界的一项重要社会实践活动。随着人类生产力的不断发展和进步，调查研究作为人类探索世界的手段之一，越来越得到更加广泛的使用。

近年来，有些领导干部习惯把到基层检查工作与实地调研同步实施。其实，领导干部将这两种工作一起进行，既有利于及时发现和分析问题，又能够现场解决问题，可以说是一种工作作风转变的重要内容。因为很多领导干部分管的工作头绪多、内容繁杂，要求了解和掌握的情况也是"包罗万象"，要解决的问题更是"千头万绪"，能够抽出一些时间到基层借检查工作的机会，调研一些真实情况是非常不容易的。就我们从事调查研究工作的同志来说，调研的要求则严谨得多。我们的主要任务是调研，通过调研进一步掌握实际情况，探索事物的发生、发展、变化过程中的内在规律。这就要求我们必须深入基层、深

调查研究

入群众、深入一线,善于与社会各界人士交朋友,到他们中间去解决问题。作风更要朴实大胆,把精力用在调研上,真正做到摸实情、听实话、办实事。要严守调研工作纪律,简化接待程序,不搞特殊化接待,树立良好形象。要认真听取各方面的意见和建议,面对形势任务,深入分析问题,做出准确判断,全面掌握实情。要善于分析矛盾的主要方面,准确地把握规律性的东西,提出切实可行的办法,制定可操作性政策措施,做到出实招、见实效。

因此,我们要深入实际,选准典型,在调研的地方真正沉下去、蹲下来,认真倾听群众对现行政策的反映与呼声。要与群众交知心朋友,把蹲点的地方当成我们调研的"桥头堡",把他们当成我们在基层的调研知心人,经常保持高效沟通,才能获得最生动、最真实的"一手材料",了解和掌握基层的真实情况,切实提高调研的质量和效果。

第一节 调查研究的概念和历史

深入实际开展调查研究工作,认真做到理论与实践相结合,由此制定的路线、方针、政策,是我们党领导革命从胜利走向胜利的法宝,更是建设社会主义、实现改革发展的基本经验和基本工作方法,也是我们党一贯坚持的优良传统和作风。

在调研实践方面,每个人都有自己的经验和方法,前人也有许多经验可供借鉴。那么,如何结合实际开展调查研究工作,应注意以下几点：

首先，要亲自从事调研实践，结合实际进行综合分析。只有亲自参与调查，才能依靠自身的调查研究去发现问题、分析问题、解决问题。对于调查研究实践，不能假手于人，只看书面报告上的数据和调研结论，而不结合实际情况进行考察，也只有亲自参与了调研全程，与调研对象交朋友，增加感性认识，了解和掌握基层的实际情况，才能做到心中有数；更不能一味地忙于具体事务，不做亲自实地调查，只是满足于在会议上听听汇报，看看书面报告，或者只靠报表来了解现实情况。因为科学的决策绝对不是一个人或者一群人不做调查研究工作，只是坐在房子里苦思冥想就能产生的，它要在人民群众改革发展的实践中才能形成。所以，对于重大问题进行科学决策之前，一定要有眼睛向下的决心和勇气，要甘当小学生，遇到事情多问几个为什么，同真正了解实情的各界人士进行广泛而深入的沟通讨论，通过"比较、交换、反复"，取得最真实可信、扎实有效的调查研究成果，从而得出科学的结论。

其次，要深入分析研判形势，做好从历史到现状的调查研究。国内和国际的形势错综复杂、瞬息万变，准确把握发展趋势，有助于做好从历史到现状的调查研究工作；系统的由历史到现状的调查研究工作，是制定政策的基础，也是做出科学决策的前提。因此，要进一步加强对现实国情、内外具体情况的深入研究；研究问题、决定计划、制定政策都要把各种实施方案拿来进行比较，不但要和现在的比较，和过去的也要比较，还要同国外的比较，才能把情况掌握得更准确、更具体。通过

| 调查研究

深入实际调查研究，透过纷繁复杂的现实，紧紧抓住事物的本质，找出它们的内在规律，由感性认识上升到理性判断，从而做出正确的结论和科学的决策。

再次，要有科学辩证的思维，有正确的态度和客观的方法。调查研究要有正确的方法和满腔的热情，要有"甘当小学生的精神"、要"心中有事眼中有活"、要有"求知若渴的欲望"，要放得下架子，摆得正位置，才能干出样子；调查研究要找准具体问题，对重点问题做出具体分析，并且要从个别到一般，从一个典型到另一个典型；要寻找各种不同看法的人，与他们广泛深入地交换意见，多注意听取不同的声音以及反面的意见和建议；为了弄清事实真相，需要反复比较、深入交流思想，既要拥有更多的调查材料，又要抓住调查研究的核心要点，防止眉毛胡子"一把抓"。同时，要充分发挥各地区、各部门特别是综合调研部门的职能作用，充分调动社会各界的研究力量，广泛运用现代化的信息搜集手段，多方位、多层次、多渠道地了解实际情况，做到内外结合、点面结合、以点带面，使科学决策建立在全面掌握的调查研究基础之上。

总之，公职人员要坚持深入基层、深入一线、深入群众，紧紧围绕改革、发展、稳定的大局，抓住调查研究领域必须破解的重点、热点和难点问题，开展系统的调查研究工作，了解真实情况，解决实际问题，掌握工作主动权。

一、调查研究的概念

调查是指通过各种有效途径，运用科学的方法，有计划、有步骤、有目的地了解事物的具体情况。研究则是指对调查获得的第一手材料进行去粗取精、去伪存真、由此及彼、由表及里的思维加工过程，以获得对客观事物本质和规律性认识。它们既有明显的区别，又有非常紧密的联系，调查是研究的前提和基础，研究是调查的升华和发展。

（一）调查研究的成长过程

调查研究并不是神秘和陌生的事物。在生产和生活中，我们对于想知道而又不十分清楚明白的事情，总会通过观察、询问、交谈等多种方式，以求对事情的深入了解。人们对观察、交谈所得，运用日常积累的直接或间接经验，进行分析判断，以获得对事物、对他人、对社会的基本认知。从历史唯物主义角度来讲，人类的发展过程其实就是人们在对自然、对社会进行调查研究中成长和成熟的过程。例如，1930年5月，毛泽东同志在《反对本本主义》中说："迈开你的两脚，到你的工作范围的各部分各地方去走走，学个孔夫子的'每事问'，任凭什么才力小也能解决问题，因为你未出门时脑子是空的，归来时脑子已经不是空的了，已经载来了解决问题的各种必要材料，问题就是这样子解决了。"

孔子入了太庙而"每事问"，既表明了他对周公、周礼的尊敬和谨慎态度，也体现了孔子重视多见、多闻、多思，虚心请教的治学思想。毛泽东同志在这里阐述它，主要认为"每事问"是我们调查研究的一种重要方式，强调"凡事尽量搞明白"，才能有助于问题的解决。

(二) 调查研究的社会实践

这里讲的调查研究，主要是指人们在正确思想指导下，运用科学手段，对有关社会现象进行有目的、有系统的综合考察，搜集资料、信息和情况，进行整理、分析和加工，用来阐述所了解到的事实状况与问题，预测其发展变化的趋势，提出有针对性的具体方案、建议或对策的社会实践活动。这种实践活动本身具有三种意义：一是具有贯彻党的群众路线的意义。调查研究的过程应该是"从群众中来，到群众中去"的过程，是广泛听取群众意见，并进行再认识、再加工的过程。二是具有认识社会普遍规律的意义。调查研究作为人们科学地认识社会发展、进行社会变革、促进社会创新的一种基本方法，正处于逐步科学化的过程当中，其理论、方法和体系也是在实践中不断得到丰富和发展的。三是具有推动社会实践的意义。进行科学的、实事求是的调查研究，是人们参与社会生活、影响社会生活、促进社会进步的一种方式和途径，必将对我们的生活产生重大有益的影响。这就是我们经常说的：不做调查就没有发言权，不做正确的调查同样没有发言权。例如，新中国成立初期，老一辈革命家陈云同志分管财经工作，他认为做好工作的一个重要方法就是调查研究。他每次解决一个重要的财政经济问题，每做出一个重大的经济决策，都把调查研究放在第一位置上，事前都有一个深入细致的调查研究过程。他对调查研究的重视程度，在党内是出了名的，给毛泽东同志也留下了极其深刻的印象。为此，毛泽东同志在千人大会上夸奖陈云同志懂经济，"他的方法是调查研究"。

二、调查研究的历史

调查研究经历了漫长的发展时期，它的内容随着经济、社会生活的不断丰富和发展，逐步充实复杂起来。了解调查研究的历史，对于提高我们对调查研究工作的认识，是非常必要的。

(一) 了解调查研究的历史

人类进入阶级社会后，统治阶级为了统治的需要，就必须做一些社会调查，以了解实际底数，从而提出相应的办法与对策。战国时期《商君书》中写道"强国知十三数：竟内仓、府之数，壮男、壮女之数，老、弱之数，官、士之数，以言说取食者之数，利民之数，马、牛、刍藁之数。"其核心思想简要地概括为三类：一是人口素质，包括壮男、壮女之数，老、弱之数。二是资源占有，包括竟内仓、府之数，马、牛、刍藁之数。三是职业结构，包括官、士之数，以言说取食者之数，利民之数。这种社会调查的数据，用提纲式的史料呈现，表明我国古代社会的统治者为了有效治理国家、控制社会，早早就开始了由官吏组织的全国性社会调查，其调查方法可能仅限于简单的分类、登记、统计、汇总等。但在那个时期，"调"有计算、算度之意；"查"有查考、查究之意。调查就是通过对事物的考察和计算来认识客观事物发生、发展现象的活动。"研"，这里有审查、探讨的意思；"究"，这里有追究、穷尽的意思。研究就是通过对调查得来的感性材料进行理性审查加工，以达到对客观事物本质和规律性认识的活动。近代，康有为、梁启超也曾提出"调查国情""以十年之功，遍游各省，上至都会，下至村落，无不周历"的调查研究的整体构想。

综上所述,在我国,从奴隶社会后期到封建社会末期,社会调查实践活动曾经有过辉煌的战果,它极大地拓宽了人们了解社会的视角,推动了社会的发展与繁荣。但从社会调查发展的整个历史进程看,它尚处于萌芽阶段,其用以指导社会调查的思想基本上还属于历史唯心主义的范畴。其调查研究使用的方法和手段是相对落后的,由于当时社会生产力比较低下,调查者主要依靠简单的观察、走访以及查阅有限的文献资料,然后将获得的第一手资料,通过调查者自身的感觉器官和思维方式进行研究分析、判断推理,作出结论。这种比较落后的调查方法和手段,往往造成调查结果带有极大的主观性和片面性。因此,我国奴隶社会后期和封建时期的社会调查都具有较大的历史局限性,调查研究成果应用也是十分有限的。

(二) 坚持调查研究的传统

我们党一贯坚持调查研究的优良传统,党的路线、方针、政策,凡是经过周密、细致、认真的调查研究,符合广大人民群众的根本利益和客观实际情况的,贯彻落实起来必然顺利;反之则换来革命的失败。例如,"农村包围城市,武装夺取政权"的科学论断,就是毛泽东等老一辈革命家在调查研究的基础上得出的。正因为我们党在曲折的历史进程中始终坚持了这一道路,才能够转危为安,不断发展壮大,使革命的星星之火形成了燎原之势。此外,周恩来同志说过,把原则变成教条来背诵不是政治,轻一点说是书呆子,重一点说是教条主义者。要调查研究,分析问题。邓小平同志说过,先做调查研究,然后才有发言权。开会也好，作决议也好，搞文件也好，都要从实际出发，提出问题，总结经验，制定方针政策，这就是实事求是。老一辈革命家始终坚持运用马克思主义的立场、观点和方法，通过亲身实践，开展广泛的调查研究，深入了解我国社会现状和历史，坚持把马克思主义普遍真理同中国革命实践相结合，提出了指导中国革命的理论、路线和方针政策，从而赢得了革命的胜利。

回望历史，我们可以这样认为，对客观世界的正确认识和积极改造，需要我们每一个人去努力，以科学的调查研究为先导，努力践行伟大实践，不断探索未知世界。在这方面，我们党树立了光辉榜样，创造了辉煌业绩。

第二节　调查研究的根本原则

调查研究工作有许多原则需要遵循，但归根结底有一条就是实事求是。我们许多人都会承认这样的道理：实践实事求是原则，实在是太重要了！但是，要真正贯彻实事求是的原则，却又是很难的事情。它规定和影响着调查研究的目的、步骤、方法和进程，也规定和影响着调查研究所要遵循的其他各项原则，如逻辑的原则、系统的原则、历史的原则、辩证的原则以及综合和分析的原则等。如果离开了实事求是这个根本原则，其他原则就成了无本之木、无源之水，调查研究就失去了真正的价值所在。

调查研究

一、坚持实事求是的根本原则

实事求是是我们一贯倡导的调查研究工作方法，它是我们党的思想路线，是我们党一切行动的指南。

（一）实事求是是党的思想路线

这里"实事"就是客观存在着的一切事物；"求"就是要求我们去认真研究；"是"就是客观事物的内在联系，即事物的规律性。1942年毛泽东同志给延安中央党校的题词就是"实事求是"，1945年他又为党的七大纪念册题词"实事求是，力戒空谈"。在毛泽东同志赋予"实事求是"新的含义之后，它就成为了我们党的思想路线。一是一切从实际出发，从群众中来，到群众中去，是我们党制定路线、方针、政策的基础。凡是正确的路线、方针、政策，都是坚持实事求是的根本原则，坚持马克思主义的普遍真理同中国革命的具体实践相结合制定出来的。二是我们取得革命和建设胜利的根本保证。无论是民主革命时期，还是社会主义现代化建设时期，我们一刻都离不开这一思想路线。三是科学的工作态度和作风，就是在调查研究过程中坚持原则、深入细致、作风扎实。事实证明，调查研究是我们获得对客观世界真理性认识的基本方法，因此，也就是切实贯彻实事求是思想路线的一个根本途径。我们可以看到，就其追求对客观世界认识的真理性这一点而言，"实事求是"与"调查研究"二者具有实质上的一致性，它们是作为对客观世界认识的同一种性质的思维过程。所以，要做到实事求是，就必须认真开展调查研究；反之，没有认真的、切实可行的调查研究，就不可能有实事求是。

(二) 实事求是才能达到调研目的

实事求是是调查研究工作的根本原则问题,还可以从它们之间的互相联系中一并加以讨论。一是明确实事求是与调查研究的关系。这两者之间有着极为密切的联系,是一个不能分割的有机整体。也就是说,实事求是是科学辩证法思想路线的具体概括;调查研究是辩证唯物主义认识论在现实工作中的具体运用。讲求实事求是,必须坚持调查研究;深入了解情况是为了做到实事求是。二是坚持实事求是才能获得可靠材料。调查研究的目的就是要获得丰富的第一手材料,并且经过头脑的加工制作,去粗取精、去伪存真,从感性认识上升到理性认识,从而得出符合客观实际的正确结论,只有实事求是,所得出的结论才能经得起历史检验。三是按照实事求是原则,才能改进调查研究作风。进行调查研究,需要实事求是的工作态度,如果没有实事求是的态度,很难达到调查研究的目的。现在,调查研究已经成为一个非常时髦的口号,但有的人对待它没有实事求是之意,却有哗众取宠之心,看起来调查研究次数很多,实际上没有什么具体收获。在这样的情况下,我们在调查研究中,要获得对事实的真理性认识,不但要有正确的方法,即要运用辩证唯物主义的方法,排除假象的干扰,正确认识事物的真相,还必须具有寻求真理的勇气和良知,去揭示事物的真相。否则,我们的调查研究很可能会适得其反。

(三) 实事求是制约着调研全程

由于实事求是制约着调查研究的目的,因此也就制约着调查研究工作的全程。我们只有在调查研究的每一个实际步骤中，都始终坚持实事求是，才能达到调查研究的根本目的。一是制约着调查研究的每一个阶段。调查研究工作，无论在哪个环节上离开了实事求是的根本原则，采取轻率的态度，都会使调查研究工作出现失误，或者达不到调查研究的目的。二是制约着调查研究的所有问题。在调查研究中，主要问题和次要问题都是调查研究所应抓住的问题，虽然侧重点不同，但本质是调查研究的关键性问题。因此，坚持实事求是原则方面，对待调查研究的主要问题和次要问题必须一样重视，不能厚此薄彼。三是既制约调查，也制约研究。如果把调查研究分为调查与研究两个阶段的话，无论是研究还是调查，都会受到实事求是的约束。也就是说，调查研究归根到底是真心实意地向群众学习的过程。在这个问题上，革命战争年代毛泽东的做法和思想至今仍然有教育意义。毛泽东认为，搞调查研究，必须有放下臭架子、甘当小学生的精神。他说："群众是真正的英雄，而我们自己则往往是幼稚可笑的，不了解这一点，就不能得到起码的知识。"

总之，调查如果不坚持实事求是，就不能获得大量反映客观实际的材料。研究如果不坚持实事求是，就不能得出比较客观的、正确的结论。

二、在调查研究中坚持实事求是

在调查研究中坚持实事求是的根本原则，有多种办法和途径，而对于调查研究人员来讲，最根本的是要防止和克服思想上的主观片面性。关键是要学习宣传唯物主义和辩证法，从而使每一个调查研究人员都有一个马克思主义的正确的思想方法和工作态度。具体就是要解决好以下几个问题。

（一）不带条条框框

在调查研究中，有些同志往往把设想和框框混为一谈，因此，影响了调查研究工作中坚持实事求是的根本原则。周恩来同志多次强调"我们下去调查要坚守毛泽东同志的三条原则：从群众中来，到群众中去；集中起来，坚持下去；坚持真理，修正错误。"为了把调查研究工作搞好，在调查研究之前或者在调查研究过程中，人们往往对调查研究方法、调查研究程序、调查研究对象，对问题调查的深度、难度以及可能出现的各种情况，对所调查对象的内部联系、问题的性质和调查研究的结果等，提出一些具体设想，这是必要的。但是，调查研究之前和调研过程中的设想与人们常说的"调查不能带框框"的"框框"是有区别的，否则不仅对调查研究毫无帮助，还会束缚住调查研究人员的思想，把调查研究工作搞得"一团糟"。

（二）排除思想偏见

调查研究工作中，如果调查研究人员对所调查研究的问题抱有偏见，那么调查研究是搞不好的。只有革除"偏见"的弊端，才能坚持实事求是的调查研究原则。"偏见"在调查研究中有种种不同的表现形式，主要表现在：一是主观臆断。即不是靠调查研究的事实来进行判断和推理，而是靠自己的主观想象来进行推测，得出结论。二是感情用事。即根据个人喜好来肯定和否定调查研究的问题，对所调查研究的问题不能从实际出发，缺乏全面的、科学的考虑。三是偏听偏信。即谁先告状，就以谁为主，谁就是正确的；或者第一个被调查研究的对象提供的情况，在头脑中留下的印象最深刻，第一个提供的情况就是绝对正确的。四是不顾事实。即所调查的问题与调查者本人或亲朋好友有直接的利害关系，就往往不顾事实，而以是否对自己有利作为判断是非的标准。五是固执己见。即对一个单位、一个人或一件事的看法一旦形成结论之后，就不可改变，无论情况发生了什么变化，自己的思想观点也不越雷池半步。那么，怎么样克服和防止偏见呢？主要方法有：一是学点唯物论。即不管情况发生了什么变化，都要从客观事实中引出正确的结论。二是讲点辩证法。即学会全面地看问题，兼听则明、偏信则暗，因此说，静止地、片面地、孤立地看问题是不对的。三是不谋私利。即对党、对人民高度负责，真正做到刚正不阿，不谋私利。只有具备上面三个条件，在调查研究工作中，才能防止和克服"偏见"，使调查研究沿着正确的方向继续前进。

（三）克服实际困难

调查研究工作与其他工作一样，都是存在困难的。每次遇到困难，先不要武断地做出结论，要通过召开当事人和有关部门参加的专题会议，充分调研论证，尽可能地掌握情况，然后再做出准确结论，寻求符合解决实际问题的具体方案。这种科学的工作方式和方法，尽可能地避免了节外生枝，使许多问题得以迎刃而解。因此，在调查研究之中，每获得一份有价值的调查材料，都要付出艰苦的努力。那么，如何克服调查研究困难呢？笔者以为：一是手勤。就是对调查对象所提供的材料要做好翔实记录，这是调查研究人员必备的基本功。二是嘴勤。就是在调查研究中要善于引导对方，刨根究底，不厌其烦。三是腿勤。就是在调查研究中要不怕辛苦，不怕多跑路，需要跑的单位和对象要一个不漏。四是脑勤。就是在调查研究中要经常开动脑筋，思考问题，这一点要贯穿于调查研究工作的始终。

总之，搞好调查研究工作，必须具有艰苦奋斗精神，调查研究工作不仅是一项艰苦的脑力劳动，也是一项艰苦的体力劳动，调查研究的成果是两者的结晶。

第三节 基层调查研究存在的问题及对策

调查研究不仅是我们党的根本工作方法，也是公职人员必须具备的能力之一。一直以来，我们党始终坚持把深入基层调查研究作为改进工作作风、践行群众路线的重要抓手。调查研究工作，始终如雨后春笋般地蓬勃开展，相关调查研究的报道也不绝于耳。当前，基层调查研究确实取得了一定的效果，但也还存在一些问题，值得我们持续关注。

一、存在问题的原因

开展调查研究的目的，是为了科学、准确、全面地了解事物的本来面貌，把握问题的基本规律，提出解决问题的具体对策。但在这一过程中，仍然存在以下一些不容忽视的问题。

调查研究

(一) 走马观花

这一类调查研究往往把它看成是工作中一个程序，并非出自真心想要了解基层真实客观的情况，只是在一些政策的制定和决策的酝酿阶段不得不做出调查研究的样子，或者迫于上级任务压力不得不去完成，只是满足于能够按照要求开展了调查研究活动。由于对原始信息、事物本身观察得不够深入、不够具体、不够全面，以及记忆的模糊性、不确定性，可能造成在思维过程中出现思维前置、印象判断、信息被遗漏或掌握不确切的一些情况出现，从而导致进一步的分析、推理无法有效延展。从具体操作程序上看，我到场了，也知道了，还有相关的调查研究记录和影像资料作佐证，这样的"调查研究"看上去确实很像是在做细致深入的工作，最终能否通过调查研究来发现问题、分析问题、解决问题都是次要的，重要的是这个程序都已经走了过场。结果很明显，这种"走马观花"式的调查研究肯定不受待见，既劳民伤财，又徒劳无功，对调查研究工作的开展更是有百害而无一利。

(二) 规定路线

一些上级部门到基层调查研究，基层的同志怕达不到调查研究效果，就事先去踩点，预设了规定路线。参与调查研究的同志，不能按照基层部门事先预设的行进路线进行调研，更不能让基层单位同志在前面走我们在后面看，而是去哪里要自己说了算，看什么也要自己说了算。当调查研究中出现的问题超出了原先经验思维的有效范畴，直觉思维出现偏差或丧失方向的时候，自身具有的程序化思维便不能够迅速地被激活，甚至于压根就没有学习过相关问题的解决策略，从而无法自觉有效地找到新的方向，造成思维上卡壳、断线。在这种情形下，基层单位对待调研的同志往往"高接远送"、好吃好喝好招待。我们所去的地方、所见到的人、所拍摄的照片，一般都是基层单位按照调查研究目的和本单位领导意图，事先经过精心准备、认真包装、隆重推出的调研典型，听到的更是提前经过严格培训的"官方"语言，而与调查研究无关或者可能影响"效果"的人员，往往事先就被"请出"调研成员必经的相关区域。这样的调查研究内容，双方单位和参与人员都彼此心照不宣。因此，听不到群众最真实的一线声音，看不到基层存在的突出问题，达不到调查研究的预期效果。

（三）各行其是

在调查研究过程中，基层单位反映了问题和真实情况，而且这些问题也确实客观存在，就是听不到具体落实措施和改进办法，原来怎么干，现在还是怎么干。在调查研究具体实践时，只是按照规定的调研程序，大概了解基层存在的困难和问题，并且简单地做一下相关记录，但对于这些问题是怎样形成的，下一步如何解决，考虑得不够深入、充分和细致，往往只把问题汇总后形成调研报告，然后直接上交了事，至于怎么进一步解决现实问题、制定切实可行的政策措施，那是组织的事情、部门的事情，跟我没什么关系，事不关己，高高挂起，能推则推。往往这样的人在谈到此类情况时，还振振有词："一两个地方的问题不能代表全局，大部分地区还是好的，不能以点带面。"不少人提出疑问："此次调研就去了一个或者几个地方，发现了问题起码是局部存在的，问题的表现形式多种多样，原因您总结考虑了吗？"调查研究中发现的这些问题，应该引起我们足够的重视。

（四）囫囵吞枣

有一部分公职人员很少到基层一线去开展调研，喜欢坐在机关里搞所谓的"研究政策，学习文件，草拟报告"，对于基层和一线的各种呼声，只是根据平时听取的汇报材料一知半解，过分依赖于各种汇报材料，对于深入基层一线的实地调研热情不够，对基层工作了解得不深、不透，对基层劳动人民的疾苦视若罔闻，对基层出现的问题视而不见，对解决基层的热点、难点、痛点问题毫无办法，对基层公职人员的说法也是人云亦云。这样下去，在调研中发现的一些问题和不足，往往只能用材料、数字说话，以此来证明成绩还是特别大的，至于问题，一是尽量压缩，能不表现出来的问题尽量不表现出来；二是以产生原因是历史问题、地理问题等开脱，而不是把主要精力放在怎么解决现实问题，更好地促进基层发展上来。因此，所做的科学决策、政策规定的水平就相当欠缺，从而在很大程度上阻碍和影响了单位、部门的永续发展。

二、解决问题的对策

调查研究是做好一切工作的基础，是始终贯穿于我们工作全过程的一项基本工作制度。做好调查研究要在四个方面下功夫。

(一) 转变调研风气

必须坚持以辩证唯物主义、历史唯物主义为先导，坚持解放思想、实事求是的根本原则，坚持从群众中来、到群众中去的思想路线，这些都是我们搞好调查研究工作必须遵循的指导方针，更是做好调查研究工作最有力的、时刻不能放弃的战斗武器。有了这个武器，我们才能在纷繁复杂的形势面前保持正确的站位、清醒的头脑，才能提高政治敏锐性和鉴别力，坚定地在政治上与党中央、国务院保持高度一致，才能够学会运用马克思主义的宽阔视野，观察社会、分析问题、抓住实质。搞调查研究、做正确结论，才会具有坚定的科学性、正确的原则性。要树立牢固的群众观，坚定不移地走群众路线，通过多种形式的教育学习，思想境界才会得到进一步提升，从而更好地提高调查研究工作水平。

(二) 坚持求真务实

调查研究第一位的任务是要弄清事实真相，把发展现状搞清楚，把存在的问题和主要原因找准，这是认识事物本质的客观前提，是得出正确结论的基础条件，是取得调查研究实效的根本保证。这就要求我们在调查研究中做到客观公正、真实准确、去伪存真、由表及里，深入基层、深入现场、深入群众，掌握大量的第一手资料，避免调研时从书本到书本、从资料到资料、从文件到文件，要有认真负责的精神，实事求是的态度，一丝不苟、艰苦细致的调研作风。实事求是既是我们党的工作作风，也是我们党的优良传统。但"实事求是"说起来容易，做起来难。调查研究中往往会出现不少困难：漂浮的调研作风容易使大家不去了解真实情况；还有一种情况，就是利益诉求导致一些地方、单位有意隐藏真实情况，从而造成能力所限，只见树木不见森林，以偏概全；限于体制、机制等因素影响，不能深"求"、不愿深"求"，浅尝辄止的现象也是有的。因为存在诸多困难，才需要我们下大力气进行调查研究。借助调查研究手段，掌握真实情况，探究事物规律，为政策制定、宏观规划、科学决策等提供依据和参考。调查研究如果缺失了实事求是这一基本要求，其价值就无法充分体现。

（三）强化目标措施

首先要搞清楚基层调查研究工作包括哪些方面的内容。调查研究之前，我们要制定目标明确、逻辑严密、措施具体、具有很强针对性的调研方案，不仅要有对政策落实效果的调查研究内容，还要有基层干部群众最真实的想法和看法。因为调查研究并非仅仅涉及改革发展大局的大事，更包括涉及基层干部群众切身利益的"小事"。对此，要逐项逐条地分析基层方方面面存在的问题和不足，分门别类地梳理汇总后，精心拟定调查研究选题，认真设计调查问卷，逐一从被访者的角度换位思考，以确保调查研究过程中能获得更加真实的第一手资料。

（四）注重整改落实

基层调研中发现的问题，大部分都是群众的心声，是他们最真实的表达，我们必须高度重视，切实把群众的呼声当成第一信号，把群众的需要当成第一需要。对于群众的呼声，特别是群众提出的合理化诉求能否得到及时有效的解决，这才是更为关键的。因此，抓好调查研究发现问题的整改和反馈工作不容忽视。这一环节恰恰是很多单位、部门的负责同志最容易忽视的;或者貌似很重视,对于发现的问题今天研究一次、明天研究一次,时间长了往往被淡化或者被眼前的工作所替代,问题的解决也就遥遥无期了。因此,如何进一步在调查研究发现问题的落实整改上下功夫,应该成为基层开展调查研究的重点方向。

总之,调查研究能力的高低,不仅决定着我们工作的成败,而且事关我们的整体形象。只有坚持调查研究经常化、制度化,在调查研究过程中不断丰富和发展调查研究理论,增强调查研究能力,提高调查研究水平,才能符合不断变化发展的新形势、新任务的需要,不断提升我们科学化决策水平。

第二章
调查研究的选题与准备

调查研究活动是一个动态的发展过程,就一定时间、一定范围、一定内容的调研活动来说,选题与准备可称为前期准备工作。那么,研究、选择和确立调查研究选题是我们做好本职工作不可缺少的重要工作任务,它包括选题标准和选题方法两方面内容。

第一,选题标准。一是政治性与科学性相结合。调查研究的选题选择,首先要体现政治性,站在政治的高度看问题,而不能单纯地从学术的角度或群众的角度看问题,要从体现政治、体现党的领导等政治角度去选题和调研。然而,只是注意到政治性还是远远不够的,必须要把政治性和科学性有机地结合起来,因为若没有把握住问题内在的本质规律,没有把握住其科学性,政治性也就无从谈起,从政治上的对策与思考也就会失去正确的基础,偏离正确的方向,从而形成错误的结论和意见。二是前瞻性与针对性相结合。调查研究的选题必须具有前瞻性,建言献策只有在决策之前,或者在决策尚未发现存在问题之前,才会有其实质性的意义。然而，任何前瞻性的选题都必须与现实的针对性相结合，这样的调查研究选题才具有强大的生命力，才会有重要的实践意义。三是宏观性与可行性相结合。调查研究选题不应太专业化、分散化或者太集中，也不应该选择一些琐碎和细小的论题作为调研选题，要紧紧围绕国家大政方针和经济建设中的重大问题、热点问题、难点问题建言献策，选题还必须坚持宏观性原则，立点要高、站位要准、措施要实，也就是应该选择政治、经济、社会发展中的重大课题作为调研的选题。

此外，对调研选题从申报到推广的各个环节都应作出明确而细致的规定，明确申报方式、评定标准、检查程序、验收标准以及奖励办法，以确保整个流程都清晰明了、有章可循。并尽可能地与上级重点调研选题的申报、评定和验收工作时间完成对接，确保及时保质保量地完成选题报送任务，也是我们选题时可以运用的策略。

第二，选题方法。一是围绕重点与发挥优势相结合。选择调查研究题目要突出一个"精"字，要围绕中心、突出重点、服务大局、体现特点。具体来说，就是要做到"三找一结合"，即从党委和政府工作要点中找选题，从社会和群众的普遍关切中找选题，从暂时被忽略而又事关今后全局的要点中找选题。二是自己选题与党委出题相结合。一方面，要发挥调研选题上的主观能动性；另一方面也要拓宽调研选题的来源渠道。有的地方采取"党委出题，党派调研，政府采纳，部门落实"的方法，确实是一种好的经验。不少地方还由政协或统战部出题，各党派派人参与调研,这也是一种行之有效的办法。三是专家咨询与成员参与相结合。确定调研选题应贯彻"从群众中来,到群众中去"的原则,要发动基层骨干甚至普通成员参与选题,请大家提供调研选题线索,而后再把确定的初选题目分发到基层骨干及成员当中征求意见,这样做有利于增强广大成员的自觉性,有利于发现好的调研选题线索,极大地调动广大成员的参与热情,充分发挥他们的积极性、创造性。

总之,调查研究的选题工作,既是一门科学也是一门艺术,既要选题精准又要内容客观,有的放矢才会找准问题的靶子,漫天放箭只会与初衷背道而驰。在选题过程中要培养良好的工作习惯,乐于思考、勤于总结、善于发问、敢于怀疑,只有这样才有可能发现工作中存在的一些问题。选题内容要客观,就是坚持实事求是,切忌弄虚作假、欺上瞒下,不精准、不客观,偏听偏信达不到理想的选题效果。研究和运用选题的策略原则,将使我们的调查研究事半功倍,取得良好的成效。本章将着重探讨调查研究应该如何选题和需要做好哪些准备工作的问题。

第一节 调查研究的选题确立

调查研究是从选题开始的。人们常说,选好调查研究题目是调研成功的一半,这话是有一定道理的。爱因斯坦说过,提出一个有价值的问题,往往比解决这个问题更重要,解决问题也许仅是个数学上和质量上的技能而已,而提出新的可能性,从新的角度去看旧问题,就需要有创造性的想象力,而且标志着科学的真正进步。自然科学是如此，社会科学在很大程度上也是如此。选好调查研究题目往往是抓住了现实生活某一方面的症结所在，或者说是主要矛盾，它虽然不能与自然科学研究中提出问题划等号，但对解决某个问题的意义也是相当大的。

那么，应该如何确立调查研究选题呢？

一、选题遵循的原则

调查研究的目的就是要通过调研反映现实情况，提出合理化建议，为领导科学决策服务。因此，调查研究的选题必须根据领导决策的需要去选择，急领导之所急，想领导之所想。这是我们选择调查研究选题必须遵循的原则。

为使调查研究的选题与领导决策的需要尽可能相一致，可采取以下几种选题方法。

（一）争取领导亲自出题

有的同志觉得领导出的题目不是自己长项，落实起来有难度，甚至把它当作包袱，这是很不应该的。我们说，领导出题的最大好处是能够保证调查研究工作的有效性，即能够引起领导的重视并对领导决策产生作用和影响。从另一方面讲，为了实行决策的民主化和科学化，也需要领导亲自出题并参与调查研究。当然，领导对调查研究人员出题又不宜过多，多了怕难以落实，也不利于发挥调查研究人员的主动性和创造性。

（二）分析领导意图出题

在领导出题时，许多时候领导并不一定明确地提出要研究某一个题目，而是提出原则性的要求和大体上的意图，调查研究部门可具体化为一定的选题。在根据领导意图选题时，应注意分析领导的意图，快速明白领导意图，选择好调查研究角度。古人云"横看成岭侧成峰，远近高低各不同"。选择最佳的调查研究角度，把最有价值的问题反映出来，就能够更好地满足领导的决策需要。

（三）引导领导选择出题

调查研究部门的职责之一就是要帮助领导及时地发现、了解问题。当调查研究部门发现某个问题，领导不甚了解但又必须引起高度重视时，就应该通过提出建议、提供信息等方式影响领导给予重视，并责成有关部门进行研究。

当然，调查研究部门选题也可以围绕领导的需要去选，这与迎合领导、投其所好是有原则区别的。区别就在于出发点不同，一个是从工作出发，一个是从讨好出发。

在日常调查研究工作中，不注意适应领导决策的需要，经常容易犯的毛病有哪些呢？

第一，主观推断。不注意领导平时所思、所想及所关注的重点，不适应领导决策需要，自认为自己的观点很重要，其实不然。

第二，见风使舵。社会上研究什么问题时髦，就跟着研究什么问题，同领导不能很好地保持一致，各唱各的调子，各吹各的号子。

第三，追求数量。确定选题不经过充分的论证，只追求数量，不注意质量，马马虎虎地随便抓来一个选题就干，拿出来的调查研究成果价值必然很小或者没有价值，在领导决策中发挥不了什么作用，甚至耽误了领导的时间，干扰了领导的决策思路。

二、选题体现的特性

调查研究部门必须立足实际又结合领导特点和需要去选题。具体来说，就是要使选出来的题目能够体现以下几点。

(一) 体现政策性

毛泽东同志说过，领导机关的任务就是了解情况和掌握政策两件事。领导机关是制定政策的，调查研究部门是研究政策的。也正因为如此，政府机关的调查研究机构往往叫"政策研究室"。原则上讲，领导关心的问题，调查研究部门都要进行研究，但主要还是研究政策问题。

什么是政策？政策就是一个国家和政党在一定时期内为实现特定目标而规定的行为依据和行动准则。政党和国家就是依靠大大小小的政策，以及从政策转化来的法律法规，把自己的意志传导到各条战线、各行各业，推动国家机器运转和社会有序发展。毛泽东同志说过，政策和策略是党的生命。一个革命政党的任何行动都是实行政策。不是实行正确的政策，就是实行错误的政策；不是自觉地，就是盲目地实行某种政策。实践证明，什么时候实行了正确的政策，就取得胜利；什么时候实行了错误的政策，就遭受损失。改革开放以来，我们国家之所以能够走上健康发展的道路，之所以能够取得巨大的成就，就是因为实行了一系列正确的政策，特别是改革开放实行的正确政策。"天不怕，地不怕，就怕政策变了卦。"广大人民群众从来没有像今天这样关注政策、了解政策、执行政策。即使在偏僻的农村，政策也成了农民经常挂在嘴边的高频词，一谈到生活的变化，大家都异口同声说党的政策好。他们也会对政策提出意见和建议。这说明政策正确与否、完善与否、配套与否很重要。因此，调查研究部门必须紧紧抓住政策性的问题进行研究。

(二) 强调科学性

所谓科学性，就是提出的选题必须要有科学的依据、科学的前提，不能违背已被实践证明的科学理论。近代科学史上，有人研究永动机，为什么失败呢？因为违背了能量守恒定律。今天我们当然不会做这样的傻事，但不自觉地违背科学规律，进行一些所谓调查研究的现象依然存在。我们应该看到，当前在领导干部中，有一些人不重视调查研究、不善于调查研究的问题还很突出。有的走不出"文山会海"，强调日常工作忙，很少深入基层一线开展调查研究。有的满足于看看材料、听听汇报、上上网络，不深入实际生活，坐在机关里关起门来做决策。有的自认为非常熟悉本地区、本部门情况，对层出不穷的新情况、新问题反应不敏感，对形势发展任务变化提出的新课题、新挑战应对不足，看不到事物的发展变化过程，不知道事物是一个由量变到质变的过程，往往凭经验办事，拍脑袋决策。有的调查研究实践走过场，只看"盆景式"典型，满足于听听、看看、转转、蜻蜓点水、浅尝辄止。上述种种现象，严重影响了领导干部决策的科学性，妨碍我们党的路线方针政策的贯彻执行，也损害了领导机关、领导干部的自身形象。

（三）突出全局性

调查研究部门的工作具有很强的综合性。因此，研究问题要从全局着眼，对关系全局的问题进行综合研究。古人云："善弈者，谋势；不善弈者，谋子。"势，就是全局的形势、趋势。能够使全局的形势有利于我方，最终就会取得胜利。不是说，非全局性的问题不应该抓，但主要的精力应放在全局性的问题上。所谓全局性的问题，具有两层含义：一是问题的本身涉及全局的范围，比如经济发展的问题、改革的总体方案等；二是问题本身只涉及某个方面，但与全局有十分密切的关系，对全局会产生重大影响，如体制改革的问题、经济改革的问题等。

驾驭全局的能力是领导干部的一项基本功，是履行好自身职责的必然要求。其能力要素主要包括：第一，驾驭思想能力，即根据当前形势和任务的要求，及时提出具体工作思路，贯彻工作意图的能力；第二，驾驭政策能力，即合理运用政策规定，贯彻落实政策的能力；第三，驾驭矛盾能力，即面对纷繁复杂的矛盾，能够有效解决矛盾的能力；第四，驾驭组织能力，即运用组织建设、组织设计、组织管理等有效手段，达到人力资源管理的最佳配置，实现组织目标的能力。

（四）追求适时性

调查研究不能"放马后炮"，这是不言而喻的。但从政府机关的特点来看，也不能太超前，以"快一拍"或"快半拍"为宜。就是说，必须言当其时。当其时，一语千金；背其时，一文不值。《子禽问墨子》中记载了一件事：子禽问他的老师墨子，多讲话好不好？墨子先打了一个比方说"蛙与蝇，日夜恒鸣，口干舌擗，然而不听。今观晨鸡，时夜而鸣，天下震动。"就是说，青蛙、苍蝇日夜叫，叫得口干舌燥，没有人理它。而鸡每天到时候叫，它一叫，天下就震动了。然后墨子讲，多言有什么好处呢？关键在于言当其时。那么，言当其时究竟如何掌握呢？一般来说，决策者正在考虑这个问题，或者说，解决这个问题的时机、条件基本成熟了，这时提出来就能够引起重视，就可能被决策者采纳。

（五）考虑可能性

调查研究的选题不仅要考虑需要，还要考虑可能。首先是客观的可能要考虑。比如，当某一个问题刚刚出现，还没有充分暴露的时候，就去研究有关这一问题的政策，即进行政策研究，显然不具备成熟的条件。当然，作为情况掌握是可以的，也是应该的，但这是另外一回事。其次是主观上的可能性也要充分考虑。如人员的素质如何，时间有没有保证等。因此，光有热情还不够，必须量力而行。

三、掌握选题的来源

调查研究选题来自两方面：一是领导出题，我们通常称之为指令性选题；二是自己选题，我们通常称之为自由调整的选题。领导交办的选题往往也有一个角度选择的问题。但这里我们主要讲调查研究部门应该从哪里去选题的问题。

（一）从领导关心的问题中选择

调查研究部门的同志处在领导的身边，熟悉领导的想法，对领导思考和关心的问题一般都有所了解。对于领导经常讲的问题，一定要抓住，一定要深入调查研究。一般来讲，领导经常关心的问题，多是改革和建设实践中比较重要、复杂、疑难的问题。调查研究部门不能说是领导的代言人，但至少应该是领导工作的知情人。因此，调查研究的选题应该从领导关心的问题中选择。

（二）从基层反映的问题中选择

基层的生活是鲜活的，群众的思想也是鲜活的。基层群众会经常反映一些问题，提出一些要求，请领导机关帮助解决。调查研究部门具有综合性强的特点，可以进行跨部门研究，可以广泛地接触社会多方面。这种来自基层的情况是调查研究选题的重要来源，对基层反映的问题决不能漠然置之。基层反映强烈的问题，或带有普遍性，值得全局工作注意；或具有典型性，需要特殊解决。

当然，上述两个来源不是截然分开的。从根本上讲，选题都应该来源于实践，而不应该是来自任何一个人的凭空设想。在许多情况下，领导十分关心的问题，也正是群众反映强烈的问题，两者是一致的。

四、选题注意的问题

调查研究选题的确是一项严肃的工作。一旦确定了选题，就要投入一定的人力、财力、物力和时间，如果选题不当，盲目拍板，轻率从事，调查研究就没有社会效益可言。选题时应该注意以下几个问题。

调查研究

(一) 内容上避免雷同

最好的办法是在调查研究选题上加强协调，互相通气，有条件的也可以集体攻关。现在低水平重复的选题太多，这也是一种浪费。调查研究各部门要充分发挥社会调查研究的"龙头"带动作用，合理设立调研联系点，指定专门的调查研究联络员，减少重复劳动，提高调查研究的整体效能。

(二) 时间上切忌盲目

调查研究不能搞"一窝蜂"，再好的选题也要掌握时机，适时实施。这就要有轻重缓急的通盘考虑，工作安排上近、中、长期相结合，排出合理的时间顺序，使调查研究工作有条不紊地进行。既追求工作效率，又不盲目求急求快。

(三) 范围上狠抓重点

要突出中心工作和重大问题。调查研究选题要带有自身工作的特点，把中心工作和重大问题摆在首要位置，集中力量进行调研。这就需要掌握大量的信息，明确上级精神，了解基层情况。正确的决心来源于正确的判断。机关的调查研究是社会调查研究中比较高层次的，不能漫无边际、漫不经心，与其"广种薄收"，不如"精耕细作"。调查研究时，要抓住主要矛盾，解决重大问题。

(四) 决策上汲取众智

调查研究选题的确定也是一种决策，靠一人拍板是不行的，要坚持不唯书、不唯上、只唯实，坚持走群众路线，集中集体智慧。有了选题设想，可以在单位内部开展讨论，让更多的同志发表意见，从各方面补充、完善选题。使调查研究选题理论上站得住，操作中行得通，实践时抓得实。即使是不同意见，也要认真听取，从中吸收合理的意见和建议。

第二节 调查研究的准备工作

调研准备工作是在调研选题确定以后、正式调研活动开始之前要做的具体工作。准备工作的头绪很多，但最重要的有四大环节：下达具体调研任务，拟定调查研究提纲，全面掌握调研材料，认真组织调研队伍。

一、下达具体调研任务

调研任务是领导根据工作需要安排的调研内容。在下达调研任务时，要重点注意以下内容。

（一）要明确调研目的

上级一定要和下属讲明调研目的和希望达到的结果，千万不要故作高深，或者在自己尚未想明白事情的时候就匆忙布置调研任务。同样，调研思路一再变化，重复劳动就会增多，也会挫伤调研人员工作积极性，导致拖拉和扯皮的现象。

（二）要形成调研共识

下达具体调研任务，既要体现结果导向，又要就如何完成调研工作达成共识。很多时候，领导只是简单地叮嘱下属完成调研任务，但是由于信息不对称或工作能力的问题，部分调研人员完成任务比较困难，又难以开口寻求领导支持，此时就会对结果造成不良影响。

（三）要把握调研节点

当调研人员充满自信能圆满完成任务时，要做的就是充分授权，让他们自由发挥，剩下的只需要在关键节点就关键成果与他们进行沟通和反馈。调研过程中，千万不可管控过严、过细，如果一直追问细节问题，并偶尔表达不满情绪，就容易使他们开展工作时缩手缩脚，不愿冒险，缺乏开拓和创新意识。

（四）要汇报调研情况

在安排具体调研过程中，要对调研人员提出明确的要求，要求他们根据调研日程、调研时间、调研内容等，及时汇报调研过程中出现的问题和自己的想法；对于涉及重大问题调研时，要求他们能够实事求是地说明工作情况，以便掌握全局、把握宏观，做出科学、合理的判断。

二、拟定调查研究提纲

什么是调查研究提纲？调查研究提纲是调查研究计划的重要组成部分，是对调查研究的内容、对象和活动方式等重要问题加以概括和提示的简明文字材料。

调查研究提纲一般由参与调查的人员经过集体讨论后指定由专人进行拟定。

（一）要反映调研内容

调查研究提纲要开宗明义，简明扼要地说明要调查研究什么问题，把这个问题分解为若干方面，即把调查研究选题明确表述出来。提纲的文字不可能很长，但要有所侧重，对调查研究的基本内容还是要注意交待清楚。也可以围绕基本内容作些说明和解释，如社会背景、工作要求、调查研究内容等。有些政策性、理论性较强的问题，对其理论根据、现实研究的状况和进一步发掘的设想也应该作比较全面的阐述。调查研究尚未开始，基本内容只是轮廓，带有一定的主观意向性，在实际调查研究中，才会慢慢丰满和清晰起来。调查研究内容的确定必须服务于调研最终目的，它主要解决为达到这个目的必须收集哪些方面信息的问题。一般而言，调查研究的内容主要有：行业性的市场环境调研类、消费者行为模式调研类、消费者信息接受模式调研类、广告调研类、产品调研类、品牌的"三度"调研类等。

（二）要说明调研方式

调查研究的方式多种多样，需要一切从实际出发，决定使用哪种调查研究方法。调查研究提纲要初步明确在完成这个选题的过程中，用哪一种或哪几种方法开展调查研究；根据选题的要求，在什么范围内调查；为达到调查目的，要收集哪些事实和有关材料。对这些方面应作出适当安排，对顺利开展调查研究活动有好的作用。调查研究方法得当，调查研究范围准确，事实和材料真实、全面，调查研究的结果可信度就非常高。

（三）要明确调研步骤

在调查研究提纲中，最重要的是有一个调查研究活动全过程的时间和业务安排。从什么时候开始，到什么时候结束，其间访谈、会议、调查问卷、分析材料等步骤都要求比较明确。可以事先列出调查研究的日程表，把调查研究步骤考虑得周全一些。这样，工作起来比较顺利。由于调查研究是调查者与被

调查研究

调查者之间的双向活动,规定调查研究步骤时应尽可能地关照被调查者,请别人做准备和配合工作,这个问题可以协商解决。在调查研究活动中,如果没有特殊情况,就要按照调查研究的步骤循序渐进。从以往的实践来看,工作任务比较繁重,调查研究步骤安排要适当地紧凑一些,要求有较高的工作效率。同时,也要留有余地,便于在实际活动中及时进行调整。

调查研究提纲是"纲",而不是"框",拟定调查研究提纲的目的是搞好现实中的调查研究。而现实工作和生活中,有许多情况是无法事先预计和设想周全的,在开展调查研究的过程中,提纲只起到参考作用,调查研究人员要面对实际情况,灵活地作出反应和安排,不至于被调查研究提纲所限制。

三、全面掌握调研材料

材料是指与要进行的调查研究选题有关联的各种资料。材料的载体是文字、音像制品,包括文件、文稿、书籍、报纸杂志、录音、录像等。现代社会的物质、文化发展很快,调查研究材料也很丰富,材料对于调查研究活动也是不可缺少的。专业调查研究人员往往注意系统地收集材料,每一次调查研究,不论成功与否,都是一次材料积累、完善的过程。

在开始调查研究之前,熟悉、掌握有关材料对调查研究人员的"进入情况"确有必要。全面掌握现有材料的方法主要有以下四种。

(一) 收集

即把零散的、不系统的材料收集起来,供学习研究之用。

这些材料主要包括有关理论、政策法规、决策信息、背景材料及工具书等。

(二) 阅读

阅读材料是直接熟悉材料的方法。在调查研究之前，尽量多阅读一些材料，可以开阔视野，丰富头脑，阅读材料的同时也伴随着初步的分析，这是一种积极的思维。如果只收集起来，束之高阁，不阅读，不使用，调查研究材料就不能发挥作用。

(三) 摘记

摘记是阅读的延续，把重要的材料记录下来，可以加深印象，便于调查研究使用。摘记重要调查研究材料，是调查研究人员提高素养的重要手段。在摘记的时候，要注明出处，以利于有据可查，增强材料的可靠性。

(四) 保管

在收集、阅读、摘记之后，调查研究材料要妥善保管起来，准备在调查研究时再次或多次重复使用。

四、认真组织调研队伍

把调查研究人员充分调动、积极组织起来，是调研前期必须准备的工作。调查研究有些是一个部门单独进行，有些是几个部门联合承担，还有些大型调查，各个层次的调查研究力量都要充分调动起来。无论怎样的调查研究都有一个组织队伍、选人与用人的问题。一般地说，组织队伍有这样几方面的内容。

(一) 确定调查研究形式

可以组织调查团、调查队、调查组集体作战，也可由个人独立作战。如果是集体作战，调查研究人员的力量要搭配适当，老少适中，整个队伍应该是目标明确、精明强干、遵守纪律、富有效率。

（二）明确调查研究分工

对参与调查研究的同志，按工作需要和本人特长合理分工，使调查研究的各项工作和各个环节都有专人负责。

（三）讲清调查研究事项

对调研时间、地点、人员、调研内容等一一表述清楚。注意调研纪律，除调研需要外，不去有风景名胜的地方；注意轻车简从，维护单位形象。

（四）组织调查研究培训

一般大型的调查研究，在行动之前，最好组织相关的调查研究人员有针对性地进行学习培训，思想准备充分一些，搞好调查研究就有更多的有利条件。

案例2—1

××部党组××年第一次集中调研提纲

根据工作安排，××部党组定于×月开展××年第一次集中调研。

一、主要内容

了解掌握工作情况。突出两项重点：（略）。发现和总结基层工作亮点，分析存在的问题，听取地方同志和群众的意见及建议。

二、人员组成及地点、时间

××部党组每位成员组成一个调研组，部属有关单位负责同志和处级干部参加，集中调研时间不少于×天。请部领导指定牵头单位和随同单位，确定调研地点和具体时间。

部领导	牵头单位	随同单位	地点	时间

三、调研方式

（一）召开座谈会。召开有关部门座谈会，听取工作汇报。分别召开企业、不同群体参加的座谈会，听取意见和建议。

（二）实地考察。深入公共服务机构、企业、院校、乡镇街道等，实地了解情况。

（三）查阅文件资料。了解地方配套政策措施的制定实施情况，了解工作进展及成效。

（四）督促指导。对调研中发现的问题，及时提出改进措施。调研结束时，向地方反馈意见，提出要求。

四、责任分工

（一）调研牵头单位。向调研省份××厅（局）发函，协调落实调研内容、调研时间、调研组成员以及调研方式等事项；收集整理调研省份工作进展情况背景材料；起草本组调研报告，在调研结束后一周内完成。

（二）××司。提供关于××工作的重要文件等背景材料，协助调研牵头单位提供调研省份的××情况。

（三）××司。负责集中调研的组织协调。制定调研工作方案；汇集整理相关材料形成调研手册；起草××党组集中调研报告。

五、有关要求

（一）高度重视。把调查研究作为科学决策和推动落实的重要工作方法，精心组织、周密安排，切实抓好重点工作和改革任务的落实。

（二）深入实际。真正"沉下去"，深入基层、深入实际、深入群众，全面、准确、及时地掌握第一手材料，做到情况明、底数清、措施实，确保各项政策和改革举措落实落地。

（三）遵守纪律。严格落实中央八项规定的要求，以"三严三实"作风做好调研工作。在调研过程中，轻车简从，简化接待，保守工作秘密。

案例2—2

关于赴××省（市）开展调研的函

××省（市）××厅（局）：

按照关于开展专题调研统一部署要求，根据部党组××年第二次集中调研安排，××部长带队组成调研组，于××月××日至××月××日到××省（市）进行调研。现将有关事项通知如下：

一、调研的主要内容

（一）今年以来，你省××工作进展情况，重要指标、重点改革任务推进落实情况，存在的问题，面临的形势。

（二）你省在××领域基层工作中，特别是推进创新驱动、大众创业、万众创新，推动政府职能转变和经济转型升级实践中出现的新动态、形成的新动能、创造的新经验。

（三）对明年的工作思路、工作安排的意见和建议。

（四）××××（各单位根据部领导专题调研的实际需要填写）。

二、调研安排

（一）在省厅召开座谈会。

（二）分成×组，到××市、××市开展调研。

（三）××××（具体地点、时间安排、形式、要求，各组根据与省里的协调情况确定）。

三、调研组成员

组长：×××

成员：×××

　　　×××

联系人：×××

　　　　×××

×××司

20××年×月×日

第三章
调查研究的基本形式

俗话说得好,巧妇难为无米之炊。调查的目的就是为了获得第一手材料,了解客观真实的情况。乍看起来,调查只是跑一跑、看一看、问一问,似乎很简单,而实际上却大有学问,它是为进一步深入研究做准备的。所谓"研究",常常被人们用来描述关于一个特殊主题的信息收集过程。采取有计划与有系统的材料收集、分析和解释的办法,获得解决问题的过程。研究是为了发现、解释或校正事实、事件、行为、理论,或者把这样的事实、规则或理论作出实践应用。研究是应用科学的方法、探求问题答案的一种过程,因为有计划和系统地收集、分析与解释材料的方法,正是科学所要强调的基本方法。

本章从认真观察、深入访谈、设计问卷、统计调查等方面,重点论述调研的基本形式。

第三章 调查研究的基本形式

第一节 认真观察

观察是人们了解世界、认识世界、获取知识的一个重要手段，也是科学研究的一种重要方法。一切科学实验，科学的新发现、新规律、新认识，都是建立在精确、周密、系统的观察基础之上的。居里夫人的女儿曾把观察称为"学者的第一美德"；巴甫洛夫始终把"观察、观察、再观察"作为人生的座右铭，并告诫我们"不学会观察，就永远当不了科学家"；达尔文也曾经说过"我没有突出的理解力，也没有过人的机智，只是在觉察那些稍纵即逝的事物并对它们进行精细观察的能力上，我可能是中上之人。"观察力即我们所说的观察能力，是指能够迅速准确地看出对象和现象的那些典型的但并不很显著的特征和重要细节的能力。它是一个人通过长期观察活动所形成的。观察力是智力结构的第一要素，是智力不断发展的基础。观察力的高低程度，将直接影响人们感知的精确性，影响人们的想象力和思维能力的发展。观察力是人的智力发展的重要条件，要发展人的智力，就要重视培养人的观察力。下面，我们就谈谈观察问题。

一、认真观察的概念

认真观察是一种有计划、有目的、比较持久性的知觉活动。认真观察是人们从事观察活动的一项基本技能。

调查研究

（一）认真观察的含义

认真观察可以分为两类，一类是有结构观察，一类是无结构观察。有结构观察就是有计划、有目的、有程序、有控制的观察，无结构观察就是无计划、无目的、无程序、无控制的观察。无结构观察又分为两种：一种是参与观察，比如我们到一家单位蹲点，与他们同吃、同住、同劳动，观察他们的生产和生活情况；另一种是非参与观察，即观察者把自己置于观察对象之外进行观察。

（二）认真观察的目的

认真观察是常用的，也是最基本的调查研究形式之一。它是指人们带有明确的目的，用自己的眼睛和辅助工具去直接地了解事物的一种行为。常言道：百闻不如一见。耳听为虚，眼见为实。认真观察有着其他形式不能取代的优点，最大的优点就是能够直接地了解现象，掌握第一手材料，这对于提高调查研究的可信度是很有好处的。我国有一句古话：东西越捎越少，话语越传越多。一般来说，经过转手的第二手、第三手材料，其可信度比第一手要差很多。同时，认真观察不仅可以直接地了解某一事物和现象，而且还可以注意到这一事物和现象在当时当地所处的特殊环境和气氛，这方面的情况往往是时过境迁之后不易了解到的。

（三）认真观察的局限

认真观察有时也有一些局限和缺点，主要表现在：一是认真观察只能看到暴露的现象，隐蔽的情况看不到，而许多事物的真相又往往是隐蔽着的。如果不透过现象看本质，就很可能得出片面甚至错误的结论。二是认真观察只能看到当时当地发生的事情,在同一个时间、同一个地点往往不能够看到所要了解的全部情况。三是认真观察的结果也会受到观察者本人的主观影响。如果观察者的素质不高,或观察位置、观察方法不当,就可能使观察出现偏差甚至错误。

因此,在调查研究过程中,一般是把认真观察作为一种辅助形式与其他形式结合起来综合运用。

二、认真观察的方法

认真观察就会有意想不到的收获,如何认真观察是我们必须认真思考、加以面对的问题。

(一) 一目十行

这是最基本的观察方法。运用这种观察方法,一般有两个目的:一是为了获得对事物的初步印象。比如我们到一家单位调查,往往先要看一看这家单位的容貌、生产秩序、生活状态、劳动纪律等。二是用来印证听来的情况是真是假。你说得天花乱坠、头头是道,实际情况如何呢?都要观察者亲自去看一看。

运用这种观察方法需要注意的一点是,最好事先不要打招呼,以免被调查对象出于某种考虑而制造假象,从而影响观察的效果。微服私访就是这种观察方法,是以隐蔽的、掩护的身份秘密出行来探访民情或巡查疑难要案。广义的理解,就是未曾谋面却知其名,采取不暴露真实身份的方法去了解实际情况。比如电视剧《康熙微服私访记》,即是描述康熙皇帝通过微服私访探访民情等的种种见闻。

（二）守株待兔

有些情况是时隐时现、间断发生的，不能随时看到，这就需要有意识地等候，"守株待兔"式地观察所发生的事情进展，获得真实有效的观察结果。比如，某部门观察"菜霸"欺行霸市的情况，就采用了这种方法。结果，他们观察到"菜霸"主要在两个时间段欺行霸市。一个是刚开市的时候，"菜霸"几个人一伙，商量一个对自己有利的价格，然后要求其他的摊贩都按这个价格卖。再一个是快散市的时候，菜农想便宜一点卖了好回家，"菜霸"又出来干涉了："喂，你那个菜不能卖三角，至少卖四角，不然莫怪我不客气。"类似这样的情况，如果不是身临其境、精心守候，是很难观察到的。

运用这种方法进行观察，必要时还需要乔装打扮一番，打点"埋伏"，搞点"突击"。特别是有明显标志的工作人员，如工商、税务、城管部门的干部往往要这样做。那些无证从事经营的"飞虎队"，看到戴"大盖帽"的管理人员吓得飞跑，在这样的情况下，你是观察不到所需要观察的内容的。

（三）跟踪追击

许多时候，我们对某一个事物进行调查研究，一般都需要掌握了解这个事物的全过程，而这个事物的运动又不是在一个空间完成的，这就需要作跟踪调查。比如，观察职工一天的活动时间分布、商品在运输过程中的损坏情况等，都可以用这种方法来加以解决。

跟踪观察一般可分为同步跟踪和间歇性跟踪。所谓同步跟踪，就是紧跟事物发展的进程，不间断地进行跟踪。所谓间歇性跟踪，就是在不影响观察效果的前提下，采取间断的办法进行跟踪。间歇性跟踪又可分为定时和不定时的间歇性跟踪。

运用跟踪方法进行观察需要注意以下两点：

第一，不要造成误会。在不影响观察效果的前提下，可以事先向被跟踪的对象说明情况，取得被跟踪对象的谅解和支持。如果事先不便告之，那么就应该尽可能做得隐蔽一些，以免被观察对象发现之后，有被"监视""盯梢"等不愉快的感觉。

第二，切忌半途而废。跟踪观察的目的就是要了解事物发生和发展的全过程，穷追到底。如果半途而废，就会前功尽弃。仅凭一知半解作出的推断，就很可能得出错误的结论。

第二节　深入访谈

访谈是一种建设性的交谈，是两个人（或者多个人）之间的一种有效谈话。其中，由访谈人通过询问来引导被访者回答问题，以此来了解调查对象的行为或态度，最终达到调查目的。建设性访谈与一般性谈话的最本质区别是：建设性访谈是一种有准备、有目的、有计划的谈话形式，它的针对性很强，谈话过程紧紧围绕着访谈主题展开；而一般性谈话，是一种非正式的谈话，它没有明确的目的，随意性较强，内容也比较松散。

访谈的主要类型是：根据访谈人掌握主导性的程度，可以分为指导性访谈和非指导性访谈。根据被访者的多少，可以分为个人访谈和团体访谈。根据访谈内容的作用方向，可分为导出访谈、注入访谈以及既有导出又有注入的商讨访谈。在商讨访谈中所商讨的内容以被访者为中心时,称为当事人本位访谈;以问题事件为中心时,称为问题本位访谈。另外,作为心理研究手段的访谈法,还可以分为访谈检测法和访谈调查法等。

访谈的主要特点是:第一,方式灵活。调查方式灵活多样,切实可行,可以按照研究的需要向不同类型的人深入了解不同类型的材料;可以根据被访者的反映,对调查问题作进一步调整或展开。第二,答问准确。可以通过访谈人的努力,使被访者消除顾虑,放松心情,作周密思考后再回答问题,这就提高了调查材料的真实性和可靠性;访谈人可以适当地控制访谈环境,避免其他因素的干扰,灵活安排访谈时间和内容,控制好提问的次序和谈话节奏,把握好访谈过程的主动权,有利于被访者更加客观地回答访谈问题;由于访谈流程速度比较快,被访者在回答问题时常常没有时间进行思考,因此所获得的回答往往比较真实、可靠;拒绝回答者较少,回答率较高。即使被访者拒绝回答某些问题,也可以大致了解他对这个问题的基本态度。第三,深入探讨。访谈人与被访者直接交往或通过电话、网上间接交往,具有适当解说、引导和追问的机会,可以探讨较为复杂的问题,获取新的、深层次的有效信息。

访谈的一般步骤是:第一,设计好访谈提纲;第二,进行有效的提问;第三,准确捕捉信息,及时收集有关资料;第四,适当地做出回应;第五,及时做好访谈记录,一般还要求有录音或录像。

一、访谈的优缺点

访谈是调查研究最常用、最主要的调查方式。它是一种面对面的调查方式。与其他调查形式相比，访谈具有以下优缺点。

（一）深入探讨主要问题

因为访谈的问题一般比较集中，时间也比较充裕，被访者可以围绕问题比较充分地介绍情况、发表看法、深入研究探讨。

（二）及时发现隐蔽问题

个别访问也好，集体座谈也罢，被访者或座谈者可以提出自己认为有价值的问题，这就有利于调查者及时发现和了解事先没有预计到的情况及隐蔽的问题。

（三）相互启发兴趣问题

面对面的访问或集体座谈可以相互启发、激励，比较容易调动被访者和座谈者探讨共同感兴趣的问题。

（四）积极适应调查问题

对受教育程度较低者和文盲的被访者都适用。而其他一些形式如问卷、统计等，对这类被调查对象不适用。

（五）花费较多时间和人力

访谈因为人员、环境、场地等因素影响，需要花费一定的费用。

（六）搜集非语言资料困难

例如，被访者的表情、姿势、面貌、情智等因素，很难收集和表达。

（七）访谈效果受外部影响

与其他调查形式相比，访谈的效果受调查人员运用能力的影响比较大。

此外，访谈还可以作多种分类：按访谈的群体大小可分为个别访谈和集体（团体）访谈；按访谈地点可分为机关（单位）访谈、随地访谈和家庭访谈；按访谈的时间可分为一次性访谈、重复访谈等。

二、如何组织提问

一般来说，调查研究时要组织好一次成功的访谈，需要掌握好三个环节，即提问、调动、控制，其中提问又是最关键的环节。

（一）直接陈述法

一般性的问题都应该直截了当地提出来，不要故弄玄虚、含糊其词，让人听了半天，仍不知所云或不得要领。一般情况下，调查者都是事先将要调查的问题以口头或书面形式告诉被调查者，以便调查者做好准备。说话人往往站在自己的角度，用第一人称向听话的人表述自己的意思。在正式访谈时，调查者还要作进一步的说明，例如，把提出这个问题的背景与研究这个问题的目的交代清楚。此外，也有一些调查是正式访谈时临时提问的，在这样的情况下，更需要调查者用尽可能简洁、明确的语言提问。有的调查者总喜欢拐弯抹角地提问，岂不知在不必要的情况下，这样做往往会弄巧成拙。

（二）顺序推进法

有的选题比较大，也比较复杂，不可能一口气把涉及这个选题的所有问题都提出来，那样调查对象一下子也反应不过来。在这种情况下，就需要用由宽到窄、由浅到深、由表及里、层层剥皮的方法进行提问。这个方法的最大优点就是系统性强。运用这个方法，最好事先列个提纲，做到心中有数、灵活掌握，以避免东一榔头、西一棒子，让被调查对象无所适从。

（三）诱导深入法

调查研究过程中，有些问题不好直截了当地提出来，可以采取旁敲侧击、引而不发的办法提问。

（四）投石问路法

访谈时，有些问题比较敏感，涉及被调查对象的切身利益，如机构改革的问题、权力调整的问题、人员变动的问题等，不能轻率地提出来，最好用投石问路的方法试探地提问。运用此法需要掌握的一点是：含而不露。既把问题提出来，又不流露出调查者本人的看法。特别是有争议的问题，双方看法对立、各执己见，在这样的情况下，调查者对任何一方提问，都应保持中立的态度，给人以不偏倚任何一方的感觉。当然，这样做的目的只是为了更好地了解情况，而并不意味着调查者在内心里不应该有自己的想法。

（五）另辟蹊径法

由于种种原因，被调查对象不愿回答调查者提出的某个问题，这时一般不要勉强，应另辟蹊径。但在环境、条件、气氛都许可的情况下，也不妨采用激将法，使被调查对象为维护自己的自尊心,非回答你问题不可。

(六) 自我示弱法

有些同志因工作繁忙或不感兴趣,对调查者采取不合作的态度。在这种无可奈何的情况下,可以采取自我示弱的办法提问,即有意使自己陷入难堪的境地,唤起被调查对象的同情心,从而使其出于同情来回答你的问题。比如这样说:"您是这方面的权威,如果您不愿意谈的话,我的调查就难以进行了。"

三、怎样调动资源

调研过程中整合资源其实质是调动资源,整合资源是形式,调动资源是本事。

(一) 放下身段

有的同志去调查研究,下面一般是欢迎、配合的。但是,要想取得被调查对象的真诚而又积极的合作,必须放下身段、摆正位置,以平等的姿态和甘当小学生的精神虚心求教。这种态度要贯穿于调查研究的全过程,体现在具体调查研究活动中。具体地讲,应该注意以下几点:

第一,不居高临下。最好坐在与被调查者平行的位置上,用平行的视线、平和的语言,像朋友一样相处,使被调查者感到轻松自然,没有压力。还有给被调查者让座、倒茶、问候,虽然是一些很小的事情,但也是放下身段的具体表现。

第二,不直来直去。"你怎么样,跟我谈谈吧?""你要说不清楚,就让你们领导来。"访谈时,这样的态度是不行的,要用求教、商量的语气与调查者进行沟通。

第三，不心不在焉。要全神贯注地倾听，仔仔细细地记录，认认真真地想办法；不要左顾右盼、出出进进、言之无物，扫被调查者的兴致，从而达不到理想的访谈效果。

第四，不无动于衷。对被调查对象反映的困难、揭发的问题、提出的意见建议，若不宜马上表态，或者一时难以解决，但也要恰当地表示理解与关心。

（二）消除顾虑

有些情况，被调查对象怕谈出去之后，会影响到本人或本单位的利益，有这样那样的顾虑，想讲又不敢讲。这时就需要打消被调查对象的顾虑，比如，作出保密的承诺，来卸下被调查对象的思想包袱。

（三）创造条件

如果是召开座谈会，首先参加人员一定不要过多，一般以每个人都有发言的机会为宜。比如，你请了七八个人，出的题目很大很多，每人至少要讲一小时，那么人就多了。有的人一看轮不到自己，就不会用心去准备了。再就是，在缺乏思想准备、条件不成熟的情况下，不要把矛盾的双方同时请来，例如，座谈蔬菜生产销售体制的问题，一开始就把生产部门和流通部门的同志都请来，意见就很难充分展开。

（四）激发兴趣

常言说得好：酒逢知己千杯少，话不投机半句多。被调查对象一般都希望调查者对他的单位和他的工作及他本人的情况有所了解，能够以深厚的兴趣与他交谈。放下架子不等于过分谦虚。有的同志在调查时，总喜欢讲："这个问题我们完全不懂，是个门外汉，请给我们上一课。"这样一来，被调查对象反而没有兴趣了。有水平的人都喜欢交谈，越是交谈、"碰撞"，被调查对象就谈得越深。事先能够对问题有所了解，提出的问题也会是比较在行的。当然作为调查者，不能插话过多。喧宾夺主，也会使被调查对象感到不愉快。

四、控制局面技巧

（一）树立访谈榜样

开座谈会，人比较多，最好先找一两个与会者，把调查的内容、目的和与会者的要求，详细地告诉他们，请他们带头按要求发言。或者在开会时，点一个比较熟悉的、能够正确理解领导意图的同志先发言。待这个同志讲完之后，你说上一句肯定的话：某某同志讲得很好，请大家就围绕这个问题讲，把自己认识的问题说深、说透。后面发言的同志有了这样的榜样，讲起来就能深入，不会走过场了。

（二）适当给予分工

如果你对参加座谈的人员比较熟悉的话，可以根据每个人的情况适当予以分工。例如，某个或某几个人首先讲什么问题，另外几个人再讲什么问题，大体上分工一下。或者在座谈过程中，前面的同志已经讲了某一个问题，你觉得清楚了，可以对后面要发言的同志说：如果对这个问题没有补充的话，请大家重点再谈谈下一个问题。这样就可以防止有的重复，有的又没有讲到。

（三）及时引导话题

调查者必须紧紧抓住需要调查的问题，在某某同志发言离了题时，要及时采取措施将话题引到你所需要了解的问题上来。比如，我们经常用这样一个办法：肯定一点，不及其余。你一肯定，发言的同志就会明白，你要了解的是这个问题，而不是那个问题。有时被调查对象讲走题不是有意识的，而是事先没有理解到你意图。及时地引导话题，就可以使被调查对象进一步地、准确地理解访谈意图。此外，有的人喜欢长篇大论，但又离题万里，若是任其发展，最后就很难收场了。采取一般的方法不能将其引导到正题上来。这时，只好采取婉言打断的方法，强扭话题。比如，这样说：你讲的问题很重要，回头我们再作专题研究，但是今天我们还是先集中讨论某某问题。

第三节　设计问卷

问卷设计，严格遵循的是概率与统计的基本原理，其调查方式具有较强的科学性，同时也便于操作。这种方式对调查结果的影响，除了样本选择、调查人员素质、统计手段等客观因素外，问卷设计水平也是其中的一个前提条件。

一、问卷的设计

设计问卷是问卷调查的关键，它涉及调查的目的、方法、条件、指导思想等。

调查研究

（一）问卷的格式

1. 开头。一般开头有书信形式的热情洋溢的短文，向调查对象致意、交流感情，说明调查的目的、意义和举办单位，希望得到对方单位的支持，争取对方配合，调动积极性，还要说明调查方法以及怎样填写。短文的位置一般在前面。

2. 导语。若需对调查要求作详尽说明，可以在问卷开头的短文之后再加导语。短文主要说明原则性的问题，导语则说明一些具体的注意事项。若只需要作些原则性的说明也可以不加导语。

3. 正文。正文是问卷的主体，要达到的目的、所要了解的情况都集中在正文中。

4. 其他记载。记载有关事项如调查对象的特征、调查人的感想、调查人及验收人签名、答卷日期等，以便抽查。

（二）问卷的类型

1. 封闭式问卷。也叫限定式问卷，即事先把可能存在的答案都列出来，答案要穷尽，以便限定只能在这个范围内选择。

2. 开放式问卷。让被调查者自由回答，但不是漫无边际，也是有限制的，以便处理归纳。一般是把开放式问卷与封闭式问卷结合起来使用。

（三）问卷的内容

1. 基本事实。如性别、年龄、职业等。一般不可缺少，可作基本变量。

2. 行为内容。如读书、看电影的时间、次数等。

3. 心理活动。如态度、观念、情感等心理活动。

这三方面内容性质不同，作用也不同。基本事实是既定的，可以用统计的方法获得，可称之为统计变量；行为的发生具有随机性，是动态的，可称之为随机变量；态度等心理活动随机性和动态性更大，带有模糊性，可以叫模糊变量。

（四）问卷的语言

问卷语言上，总的要求是简明、通俗、易懂。具体讲：

1. 考虑调查对象。要时刻顾及调查对象的接受能力、文化水平、心理状态等。

2. 确定计量标准。要把概念化为可计量的指标，力争计量准确。

3. 注意保护隐私。要避免对方忌讳的问题，如隐私及其他不愿回答的问题。

4. 防止暗示诱导。要公平、公正，不管有意无意，都不能向调查对象进行暗示或诱导。

5. 顾及对方感受。要从实际出发，与被调查者的要求愿望相结合，考虑对方的真实感受。

（五）信度和效度

信度与效度即可信程度和有效程度，这是在设计时就必须考虑到的。要达到信度高、效度高，必须注意几点：一是结构顺序，要由表及里，由浅到深，由近到远，由一般到特殊，先易后难；二是封闭式的选择项目要互相排斥；三是避免社会偏见；四是问卷的容量要适度，不能贪多，一般认为填写项目问答时间以不超过30分钟为宜。

二、问卷设计原则

问卷设计得好坏,在很大程度上与设计原则有着密切的关系,其主要的设计原则有下面六点。

(一) 合理性原则

这里指的是问卷必须紧密与调查主题紧密相关。如果违背了这一原则,再漂亮或者再精美的问卷都是无用的。而所谓问卷体现调查主题,其实质是在问卷设计之初要找出与"调查主题相关的要素"来进行问答。

(二) 一般性原则

要考虑问卷提出的问题是不是具有普遍意义。应该说,这是问卷设计的一个基本要求,问卷设计完成后,如果我们仍然能够在问卷中发现带有一定常识性的错误。这一错误将不利于调查成果的整理分析,还会使调查委托方轻视调查者的水平,甚至怀疑调查结果的有效性。

(三) 逻辑性原则

问卷设计要有系统性和整体感,这种系统性和整体感即是问题与问题之间要具有逻辑性和连贯性,独立的问题本身也不能出现逻辑上的谬误。问题设置要与达到的效果紧密相关,才能够获得比较完整的信息。调查对象也会感到问题集中、提问得当。相反,假如所提出的问题是发散的、带有意识流痕迹的,问卷就会给人缺乏严谨性的感觉。因此,逻辑性的要求是与问卷的条理性、程序性密不可分的。在实践中,一个综合性的问卷,调查者将差异比较大的问卷分块进行设置,从而保证每个分块的问题都密切相关。

（四）明确性原则

所谓明确性，事实上是对问卷中的问题设置进行规范。这一原则具体是指：提出的问题是否清晰明确、便于回答？命题是否准确？所提的问题是否专业？对所提问题被访者是否能够明确回答？等等。

（五）提示性原则

不成功的采访者经常会在采访中使用诱导性的问题。这种提问方式如果不是刻意地要得出某种结论而甘愿放弃客观性的原则，就是彻头彻尾的职业素质的缺乏，应该引起我们警觉。在问卷调查中，因为有充足的时间做提前准备，这种错误将大大地减少。但这一原则之所以成为必要，是因为高度竞争的市场对调查业的发展提出了新的更高的要求。非诱导性指的是问题要设置在中性位置、不参与提示或主观臆断，完全将被访问者的独立性与客观性摆在问卷操作的限制条件的位置上。如果设置的问题具有诱导性和提示性，就会在自觉不自觉中掩盖事物的真实性，也是需要重点把握的。

（六）结论性原则

为便于整理、分析，成功的问卷设计除了要考虑紧密结合调查主题与方便收集信息外，还要考虑调查结果的容易取得和有效性。这就需要提前考虑问卷在调查后的整理与分析工作。首先，要求调查指标是能够累加和便于累加的；其次，调查指标的累计与相对数的计算是有积极意义的；最后，能够通过数据统计清楚明了地说明所要调查的问题。只有这样，调查工作才具有积极意义,才能达到预期的效果。

三、问卷主要功能

(一) 客观反映调查目的

问卷能够正确反映调查目的,问题具体,重点突出,简便易行,要能使被访者乐意合作,协助完成问卷调查,达到调查的目的。

(二) 提供正确有效信息

问卷能够正确记录和反映被访者回答的事实,确保每一个问题都真实有效,所提供的情况准确有效。

(三) 便于资料整理统计

问卷能够便于资料的统计和整理。要得到对自己有益的信息,需要提问确切的问题。最好通过提问可以确定一个问题的价值:将如何使用调查结果?这样做避免把时间浪费在无用或不恰当的问题上。要设计一份完美的问卷,不能闭门造车,而应事先做一些基础性工作,搞一些前期访问,拟写一个初稿,经过事前实验性调查,再修改成正式问卷。

四、问卷注意事项

(一) 明确主题

根据调查主题,问卷要从实际出发拟题,问题目的明确、重点突出、提问专业,没有可有可无的问题和缺陷。

(二) 逻辑严谨

问题的排列要有一定的逻辑顺序,要符合应答者的思维习惯。一般顺序是先易后难、先简后繁、先具体后抽象。

（三）通俗易懂

问卷应使应答者一目了然，并愿意如实回答。问卷中语气要亲切，符合应答者的理解能力和认知能力，避免过多使用专业术语。对敏感性问题采取一定的技巧调查，使问卷具有合理性和可答性，避免出现主观性和暗示性，以免问卷的答案失真。

（四）长短适中

回答问卷的时间控制在 20 分钟左右，问卷的句式要短小精干，既不能浪费一个问句，也不能遗漏一个问句。

（五）设计科学

问卷设计时，要保证资料的校验、整理和统计工作方便易行。

案例 3—1

网络销售调查问卷

用户您好，我是××大学的一名学生，耽误您几分钟填写问卷。本次问卷采取不记名方式，您的个人信息会得到严格的保密，敬请放心，祝您万事如意，生活愉快！

Q1. 您的性别：

○男

○女

Q2. 您的年龄：

○18 岁以下

○18 岁及以上

Q3. 有无网购经历：

○有

○无

Q4. 您网购的时间：

☐一星期

☐一个月

☐一年

☐经常

Q5. 您网购的最高一次消费：

☐100 元以下

☐1 000 元以下

☐10 000 元以下

☐10 000 元及以上

Q6. 您所用的网购网址：

☐淘宝

☐天猫

☐京东

☐其他

Q7. 您为什么要选择网购？

☐方便便宜

☐朋友介绍

☐其他

Q8. 以下您经常购买的是：

☐服装

☐食品

☐生活用品

☐家电

Q9. 您觉得网购的缺点是什么？

☐容易有误差

☐发货不准确

☐物品质量差

☐物品没有到达

Q10. 谢谢您的回答，在这里写下您的意见：

_____

第四节　统计调查

统计调查是根据调查的目的和要求，运用科学的调查方法，有计划、有组织地搜集数据信息资料的统计工作过程。根据组织统计调查的机构不同，统计调查项目分为国家统计调查项目、部门统计调查项目、地方统计调查项目三类。

一、统计调查简介

统计调查，就是能比较系统地搜集定量分析所需要的数量资料。既可以作为研究问题的主要调查形式，也可以作为研究问题的辅助形式，其局限就是只能搜集数量资料。

调查研究

（一）统计调查方式方法

社会经济现象千变万化，根据不同的调查对象和调查目的，我们需要采取不同的统计调查方式和方法。

1. 按调查统计范围的不同，可以分为全面调查和非全面调查两种。全面调查是对构成调查对象总体的所有个体全面进行调查登记。例如，要了解钢铁的产量，就必须对全国所有钢铁厂的钢铁产量进行统计调查，这属于全面调查。此外，普查、全面统计报表都是全面调查的范围。非全面调查是对构成调查对象总体的一部分进行调查登记的一种方式。例如，为了进一步了解农村经济中的新情况、新问题，就不需要对所有的乡镇一一进行调查；为了进一步了解职工家庭生活的情况，就不需要对所有职工家庭一一进行调查，而只需要选出其中一部分乡镇或一部分家庭进行调查即可，这样的调查就属于非全面调查。重点调查、典型调查、抽样调查以及非全面报表均属于这一类调查。

2. 按调查登记时间不同，可以分为经常性调查和一次性调查。经常性调查要随着调查对象的变化，随时将变化情况进行连续不断的登记。例如，主要原材料、产品质量、燃料和动力消耗等，这些指标的数值变动很大，必须进行经常登记，才能满足需要。一次性调查是间隔一定时间（比如说一年以上）进行调查。例如，人口数量及其构成、生产设备数量等，往往可以采用一次性调查的方式搜集资料。

3. 按调查组织方式不同，可以分为统计报表和专门调查。统计报表是按一定的表式和要求，自上而下地统一布置，自下而上提供统计资料的统计调查方式方法。统计报表绝大部分是以定期统计报表制度的形式出现的，如工业、农业、财贸、基建、物资、工资报表等。专门调查是为了研究某些专门问题，由进行调查的单位专门组织的调查，如第三产业情况调查等。

（二）统计调查注意事项

选择统计调查的种类要注意的是：设计的调查表格式和指标要力戒烦琐，可要可不要的坚决不要；可以一次性调查的不要经常性调查，能用非全面调查方法取得资料的尽可能少用或不用全面调查；特别是要逐步推行基层一套表，防止数出多门，以减轻基层负担。

二、统计调查方法

（一）普查

普查是一种专门组织的一次性的全面调查。它用来搜集某些不能够或不适宜用定期的全面统计报表搜集的统计资料，以搞清重要的国情、国力。一般用来调查属于一定时点上的社会经济现象的总量，但也可用来反映时期现象。

普查涉及面广、工作量大，进行一次需要动员很多人力、物力，组织工作是很复杂的。如第六次全国人口普查，于2010年11月1日进行，共9个项目，包括人口总量、家庭户规模、性别构成、年龄构成、民族构成、各种受教育程度人口、城乡构成、地区分布、人口流动。这次人口普查，获取了我国人口总量、素质、结构、分布等许多基础数据，是一笔极为宝贵的信息财富，对于我们制定"十二五"期间的经济社会发展政策具有重要的应用价值。

(二) 重点调查

重点调查是指选择对象中的一部分重点单位所进行的调查。所谓重点单位，是指在总体中举足轻重的那些紧俏商品。这些单位虽然可能数目不多，但就调查的标准组来说，它们在总体中却占有很大比重，能够反映总体的基本情况。例如几大钢铁企业，它们虽然是少数，但它们的产量占很大比例，对这些重点企业进行调查，比全面调查省时省力，而且能够更加及时地了解全国钢铁生产的基本情况。

重点单位选多少，根据调查任务来确定。一般来说，选出的单位要尽可能少些，而其标志值在总体中所占的比重要尽可能大些。选中的单位，管理应比较健全，统计力量应比较充分，统计基础应比较巩固，这样才能准确、及时地取得资料。

选取重点单位应遵循的两个原则：一是要根据调查任务的要求和调查对象的基本情况而确定选取的重点单位及数量。一般来讲，要求重点单位应尽可能少，而其标志值在总体中所占的比重应尽可能大，以保证有足够的代表性。二是要注意选取那些管理比较健全、业务力量较强、统计工作基础较好的单位作为重点单位。

(三) 典型调查

典型调查就是在调查对象中选择若干具有代表性的单位进行调查，用来研究某些复杂的或比较重要的专门问题。典型调查因调查范围小，调查单位少，所以指标可以多些。它比较灵活、简便，又比较行之有效。

选择典型单位时，可把总体分成若干类型，从每一类型中按它在总体中所占比例大小，选出若干典型单位。如研究一般数量表现，可选中间的典型；如研究成功的经验和失败的教训，可选择先进的和后进的，对上中下、好中差各类典型进行调查、比较。典型可以是临时选择的，也可以是比较固定的，以便进行连续调查，取得系统资料，研究事物发展变化的趋势。

（四）抽样调查

所谓抽样，就是按随时原则，在调查对象的总体中，抽出一部分单位作为总体的代表。被抽出来的这部分单位就叫样本。抽样调查就是以样本指标数值来推算总体指标数值的一种调查。

随机原则或称同等可能性原则，它完全排斥人们主观有意的选择。在总体中，每一个单位被抽取的机会是均等的。

抽样调查省时、省力，时效性强。对抽样误差可以根据概率论计算和控制。

抽样调查分简单随机抽样、等距抽样、类型抽样等，都要将总体按某种标志分类，然后在各类中抽选样本单位，使得标本分布更为均匀。

第四章
调查研究的方法

调查研究的方法指通过考察了解客观情况直接获取第一手材料，并对这些材料进行分析研判的研究方法。它是科学研究实践中一个常用的方法，在描述性、探索性和解释性的研究中都可能运用到这种调查研究的方法。它一般通过抽样的基本步骤，多以个体为分析单位，通过访谈、问卷等多种方法了解调查对象的有关资料，并对这些资料进行分析研判来开展研究。也可以利用他人收集到的调查数据进行分析研判，也就是所谓二手资料分析的方法。

第一节　调查的基本方法

做任何事情都要讲究方法，开展调查研究也要注意方法。方法对头，可以节时省力，事半功倍；方法错误，则会事倍功半，甚至事与愿违。

一、访谈调查法

访谈调查即访问调查,也是一种常见的调查方法。这种调查方法的最大特点有两个:第一,它是一种研究性的访谈,是一种有目的、有准备、有计划的谈话活动,而且在谈话的整个过程中要有非常强的针对性,始终围绕着调查研究的主题去进行。这些与日常的谈话有着很大的区别,日常谈话是一种非正式的谈话,没有明确的目的性,也不需要进行相关的准备工作,而且谈话方式也比较松散,随意性比较强。第二,访谈调查是以口头提问的形式来收集资料,在整个访谈过程中调查者与被调查者直接见面,开诚布公,并相互影响、相互作用,形成良性互动的关系。而以书面提问形式来收集资料的问卷调查法却不需要调查者与被调查者的直接接触,它们也由此而形成了各自的特点。

(一) 访谈调查法的优缺点

访谈调查法的优点如下:

1. 适应范围广。同其他的调查研究方法相比,访谈调查法是应用范围最广泛的一种调查方法。不同年龄、不同性别、不同职业、不同文化水平的人,只要具备一定的语言表达能力,就可以用访谈的方法进行调查。例如,对于能够听懂和表达简单语意的儿童也是可以进行访谈的。

2. 交流沟通强。访谈是调查者与被调查者双方直接进行交流与沟通,是良性互动的社会交往过程。因此,在访谈过程中,调查者可以随时了解访谈对象的反应,并根据当时的情境状况提出一些更合适的问题,或转换话题等。有时,访谈对象可能表现出对某些问题的误解,调查者可以根据情况重复提问,或在情况允许的范围内作一些必要的解释和提示,也可以转换访谈话题。这种灵活性不仅能够保证访谈的顺利进行,而且能够最大限度地收集到所需要的访谈信息。

3. 成功概率高。由于访谈是面对面进行的,调查者是可以适当地控制访谈环境的,避免其他因素干扰,掌握访谈过程的主动权。因此,除个别特殊情况外,一般都能得到访谈对象的回应,而且也会防止访谈对象草率从事,应付了事;另外,访谈者还可以通过重复提问和控制访谈的节奏等来影响和鼓励访谈对象的回答,因此回答率会有较大的提升。

4. 获取信息新。访谈主要是面对面的语言交流,对访谈对象来说,不会像问卷调查那样有过多的限制或顾虑,他可以生动具体地描述事件或现象的经过,真实、自然地陈述自己的观点和看法。同时,由于访谈具有适当解说、引导和追问的机会,因此,可以探讨较为复杂的问题,可获取新的、深层次的有效信息。另外,还可以观察被访者的动作、表情等非言语类行为,以此来鉴别回答内容的真伪度。

访谈调查法的缺点如下:

1. 人员要专业。访谈调查法要具有专门的技巧,需要受过专门训练的工作分析专业人员进行。

2. 工作高成本。比较费精力、费时间,工作成本也比较高。

3. 信息易失真。收集到的信息往往已经扭曲和失真。

4. 结果难精准。访谈法有时候容易被人认为是其工作业绩考核或薪酬调整的依据,所以他们会故意夸大或弱化某些职责。

(二) 访谈调查法的类型

由于分类的标准不一致,访谈调查法可以有很多种分类方法。

1. 按照对访谈结构的控制程度分类

一是结构性访谈,也称标准化访谈或封闭式访谈,是指访问者根据事先设计好的有固定格式的提纲进行提问,按约定的方式和顺序向被访者提出相同的问题,被访者从备选答案中进行选择,实际上是一种封闭式的口头问答。其优点是研究的可控(问题的控制、环境的控制)程度比较高,应答率也高,结构性强,易于量化;缺点是灵活性差,对问题的深入研究程度不够。结构性访谈需要由访员进行,因此访员的态度、能力、素质、经验等对访问结果有着决定性的影响,访员往往自觉不自觉地将自己的主观意见或偏见带到访问过程当中,使得调查结果容易产生偏差。因此,在进行结构性访谈时,应当严格挑选访员。结构性访谈常常用在大规模的社会调查上,需要的访员数量较多,访员的素质往往难以保证,必须事先对访员加以培训。通过培训使访员在访问前做好心理、生理、技术、物质以及与谈问有关的知识准备。其方法是将调查物件集中起来同时作答。具体做法是将被调查物件集中起来后,由一个访员提出问题,并给调查物件提供一个回答公式,告诉他们如何记录自己的回答。同时,还应有两三名访员在访问中间巡视,以便随时解答他们提出的问题。这种方法既经济、客观,又容易从受教育程度低的人那里获得资料,而且有访员在场,可对理解上的疑问加以回答,并可在收回答案纸时对答案进行检查,因而效度较好,回收率和应答率较高,在实际调查中较受欢迎。缺点是众多人在一起作答,若管理得不好,一些被调查人互相商量、开玩笑或发生争论,就会影响调查的效果。

二是开放式访谈,也称无结构性访谈或非标准化访谈,如同开放式问卷一样,它不采用固定的访问问卷,不依照固定的访问程序进行访谈。这种访谈方式鼓励被访者自由表达自己的观点,具有较强的灵活性,并且细致深入,可以对感兴趣的问题细致追问,挖掘出生动的实例,得到更为深入的信息;但费时、费力,结构不完整,难以量化。

三是半结构性访谈,指按照一个粗线条式的访谈提纲而进行的非正式的访谈。该方法对访谈对象的条件、所要询问的问题等只有一个粗略的基本要求。它有访谈提纲,有结构性访谈的严谨和标准化的题目,也给被访者留有较大的表达自己想法和意见的余地;并且访谈者在进行访谈时,具有调控访谈程序和用语的自由度。半结构性访谈兼有结构性访谈和无结构性访谈的优点,既可以避免结构性访谈的呆板,缺乏灵活性,难以对问题作深入的探讨等局限,也可以避免无结构性访谈的费时、费力,容易离题,难以作定量分析等缺陷。

2. 按照访谈的规模分类

一是个别访谈,是指访谈者与被访者一对一的面谈,整个访谈过程不受第三方的直接影响。访谈者与被访者有更多的交流时间,被访者更易受到重视,安全感更强,访谈内容更容易深入。个别访谈是访谈法中最常见的一种形式,只要访谈者控制好谈话情境,就能较好地打开被访者的思路,说出自己真实的想法,特别适合于无结构性访谈。其优点是:获取的信息更加深入、详细和全面,可以进入到被访者的内心,了解他们的心理活动和思想观念;深入地了解行为发生的背景和影响行为的广泛决定因素;研究者有更多的机会分享和了解应答者的观点,以及他们在更广泛问题上的认知和想法等;可用于研究个人隐私或敏感性问题。不足之处是:需要具有高度熟练技巧和受过专门培训的访员;记录和分析的方法耗时,解释资料也需要丰富的经验和较高的语言表达水平。

二是团体访谈,是指研究者邀请若干个被调查者,通过集体座谈的方式收集有关资料的方法,就是通常讲的开调查会、座谈会等。团体访谈是教育调查研究中一种常用的方法,它扩大了调查对象范围,被调查者可以是几个人,也可以是一个小组或一个班级。这样既可以减轻被调查者的心理压力,又可以提高收集资料的效率。另外,通过座谈的方式进行调查,可以集思广益、互相启发、彼此印证,能在较短的时间里搜集到较全面的材料和信息。其优点是:了解情况快,工作效率高;最大优点是集思广益,有利于把调查与研究结合起来,把认识问题与探索解决问题的办法结合起来。此外,团体访谈法简便易行,可适用于文化程度较低的调查对象,有利于与被调查者交流思想和感情,有利于对访谈过程进行指导和控制等。不足之处是:无法完全排除被调查者之间社会心理因素的影响。

3. 按照正式程度分类

一是正规性访谈,就是双方事先约好时间、地点、内容等,就一定问题范围进行交谈。这种形式有利于获取较为深入和细致的第一手资料。

二是非正规性访谈，是根据研究对象日常生活的安排，在与对方一起参加活动时，根据当时情景自然的交谈。这种形式有利于获得更加自然、真实和灵活的资料内容。

4. 按照双方接触方式分类

一是直接访谈，也称为实地访问、面访，是指双方面对面地坐在一起进行访谈，彼此可以看到对方的表情、神态和动作，便于进一步沟通，掌握更详细的资料。这种访谈方式特别适用于电话不够普及的地区，或是题目太长、太多，题意很复杂的调查。不过，直接访谈所需的人力、物力规模也最大，若想要扩大样本的分散性，则很不容易实现。

二是间接访谈，是指双方事先约好时间，通过电话和网络等通信手段进行的访谈。这样可以解决因距离遥远或时间不足造成的困扰，也可使被访者避免尴尬。其中，电话访问最容易接触到被访者，联系、响应率都比较高，也比较容易防止作弊，可更快速地知道研究结果，特别适用于访问工作繁忙、居住分散的异地人员。一般来说，电话访问和直接访谈在抽样、访问等方面的效果比较接近，适合于追求数据质量、有推论总体必要的调查；网上访问则在研究的作业成本上占优势，适合经费有限、寻找初级参考的调查，但实施起来应十分谨慎，避免做对总体的推论。

5. 按照访谈的次数分类

一是一次性访谈，又称横向访谈，是指在同一时间内对某一研究问题进行的一次性收集资料的访谈调查过程。一般来说，横向访谈的内容都比较单一，主要是以收集事实性材料为主，更多地用于描述性的研究。被访者有一定数量，通常是从总体中随机抽样获得的，研究也是一次性完成的。由于横向访谈收集资料的时间比较短，能够一次性地解决实际问题，因此更多的人乐意采用此种方法。横向访谈常用于定量的研究。

二是多次访谈，又称纵向访谈或重复性访谈，是指随着时间的推移多次地收集固定研究对象有关资料的跟踪调查，即对同一样本进行两次以上的访谈以获取资料的调查方式。纵向访谈常用于个案研究、验证性研究以及质的研究。纵向访谈是一种深度访谈类型，它可以通过研究对象自身的前后比较来了解事物发生发展的变化趋势，逐步由浅入深、由表及里，以探讨问题的深层意义。

（三）访谈调查法的步骤

一是提出并确定调查研究的选题。明确调查的目的和任务，调查研究选题提出并确定后，要对调查的问题适当分解成具体的层次、要素，具体到每一小点。二是确定调查对象和调查方式。选择和确定所要调查的对象的人群类型，即明确调查哪些领域、哪些部门、哪些岗位的人。确定调查样本数量，即所要抽取的调查人数。确定调查方式，即明确调查的方法样式（是问卷调查还是访谈调查），确定调查的地点和时间，以及与调查对象的联络（公共场所下随机的大众调查除外）。三是准备必要的调查工具。调查工具除了调查问卷和访谈提纲外，还包括录音设备、记录设备等必要的工具，这也是调查方案中需要明确的。

二、观察调查法

观察调查法是指根据一定的研究目的、研究提纲或观察表格内容，用自己的感官和辅助工具去直接观察被研究对象，从而获得信度资料的一种方法。科学的观察具有目的性、计划性、系统性和可重复性等特点。

（一）观察调查法的种类

对某一个特定的调查问题，从成本和数据质量的角度出发，需要我们认真选择适合自己的观察方法。通常采用的观察方法包括：

1. 自然观察法。自然观察法指观察者在一个特定的自然环境中（包括超市、展示地点、服务中心等）观察被调查对象的行为和举止。

2. 设计观察法。设计观察法指调查机构事先设计和模拟一种场景，观察者在一个已经设计好的并接近自然的环境中观察被调查对象的行为和举止。所设置的场景越接近自然，被观察对象的行为就越能体现真实。

3. 掩饰观察法。众所周知，如果被观察对象知道自己被人观察，其行为可能会有所不同，观察的结果也会失真，调查所获得的数据也会出现较大的偏差。掩饰观察法就是在不为被观察对象、物或者事件所知的情况下暗中监视他们的行为发生和发展的过程。

4. 机器观察法。在某些特殊情况下，用机器观察取代人员观察是可能的。在一些特定的环境中，人工智能机器人可能比人工更便宜、更精确和更容易完成此类工作。

5. 连续观察。在比较长的一段时间内，对被观察对象连续做多次、反复的观察调查。连续观察适用于动态性事件的观察，可以定期进行，也可以不定期进行。

6. 非连续性观察。只是在较短时间内一次性观察调查，一般只适用于过程性、非动态性的观察。

(二) 观察调查法的优缺点

观察调查法的优点如下：

1. 直接性。由于观察者和被观察对象之间进行直接接触，不需要其他中间环节，观察到的结果、所获得的信息资料具有真实性、可靠性，是第一手资料。

2. 客观性。观察一般在自然状态下进行，对被观察对象不会产生作用和影响，有利于排除语言或人际交往中可能引起的误差因素，从而能够获得生动具体的资料，具有一定的客观性。

3. 及时性。观察在时间的把握上也很重要，及时观察能够捕捉到正在发生的现象，获得的第一手信息资料就会及时、新鲜。

4. 连贯性。对被观察对象可以做较长时间的反复观察和跟踪观察，保持一定的连贯性，对被观察对象的行为动态演变可以进行综合分析。

观察调查法的缺点如下：

1. 只能反映客观事实的发生和发展过程，不能说明其发生的原因和动机。

2. 只能观察到某些表面现象和行为，不能反映私下的形态和行为方式。

3. 受个人观察影响，带有主观性和片面性，缺乏系统性。

4. 通常需要大量的观察人员，调查时间长，费用高。

（三）观察调查法的具体步骤

1. 准备阶段

一是检查相关文件，形成观察调查工作的总体思路，包括工作内容、主要职责和任务、工作流程；二是准备一个初步的观察任务清单，作为观察调查的基本框架；三是为观察调查数据收集过程中涉及的还不清楚的主要项目做一个简单注释。

2. 进行观察

一是在部门主管的配合、协助下，对所属员工的工作进行观察；二是在观察过程中，要适时地做好记录。

3. 直接面谈

一是根据观察调查的实际情况，最好再选择一个主管领导或者有着丰富观察调查经验的员工直接面谈，因为他们了解工作的整体情况以及各项工作任务是如何配合的；二是确保所选择的面谈对象具有一定的代表性和积极的示范作用。

4. 归纳信息

一是认真检查最初的任务或问题清单，确保每一项任务都已经被回答或确认；二是进行信息的合并，即把所收集到的各类信息合并为一个综合的工作描述，这些信息包括主管领导、普通员工、现场观察者、有关工作的书面材料等；三是在合并阶段，观察调查人员应该要随时获得补充材料。

5. 核实描述

一是把工作描述分发给主管领导和观察调查者，并附上反馈意见表格；二是根据反馈意见，逐步逐句地检查整个工作描述，并在遗漏和含糊的地方做出标记；三是召集所有观察对象，进行面谈沟通，补充工作描述的遗漏和明确其含糊的地方；四是形成完整和精确的工作描述材料。

6. 撰写报告

根据掌握的材料，写出观察报告。

三、问卷调查法

问卷调查法又称问卷法，是调查者运用统一设计的问卷向被选取的调查对象了解现实情况或征询意见的一种基本调查方法。调查者将所要研究的问题编制成问题表格，以邮寄、当面作答或者追踪访问等方式填答，从而了解被调查者对某一现象或问题的基本看法和所持的意见，所以又称问题表格法。问卷法的运用，关键在于如何编制问卷、如何选择被调查者和如何进行结果分析。

（一）问卷法的种类

根据载体的不同，问卷可以分为纸质问卷调查和网络问卷调查两种。纸质问卷调查就是传统的问卷调查，调查公司通过雇用人工来分发纸质问卷，最后回收答卷。纸质问卷调查的缺点是分析与统计结果比较麻烦，调查成本比较高。而网络问卷调查，就是用户依靠一些在线调查问卷网站，这些网站提供设计问卷、发放问卷、分析结果等一系列调查服务。网络问卷调查的优点是无地域限制,成本相对低廉;缺点是答卷质量无法保证。

(二) 问卷法的特点

问卷法的主要特点在于标准化,是一种间接的书面调查,常用于抽样调查,主要适用于定量调查。

(三) 问卷法的类型

一是按问题答案划分,问卷法可分为结构式、开放式、半结构式三种基本类型。二是按调查方式划分,问卷法可分为自填问卷和访问问卷。三是按问卷用途划分,问卷法可分为甄别问卷、调查问卷和回访问卷(复核问卷)。

(四) 问卷法的结构

一般结构有标题、说明、主体、编码号、致谢语和实验记录六项。

四、文献调查法

文献调查法是在历史研究领域里逐渐形成的一种相对独立的调查方法,但不等于说文献调查法就是历史研究法,更不能说文献调查法只适用于历史研究,文献调查法不等同于历史研究法。历史研究法包括一系列的研究方法,文献调查法只是其中最基本、最常用的一种调查方法。在历史研究中,必须运用文献调查法来研究历史文献。但是,文献调查法决不限于历史领域,它既可以作为一种单独的研究方法,广泛运用于其他学科领域;同时,也可以作为其他研究方法的一种基础性方法。

(一) 文献调查法的优点与不足

文献调查法的优点在于:具有历史性、间接性和无反映性的特点,调查对象不会因调查者的影响而发生变化;成本较低却效率较高;成功的概率较高,适用于时间跨度大的纵贯剖析或趋势分析。不足在于:许多文献的价值难以判断,质量难以把握;对于一项专门的调查研究来说,文献调查法既有的文献往往不够系统、完全,无法全面地说明问题;有些文献资料还很难获得,而且往往是越有价值的文献越难搜集。文献调查法往往是一种先行的调查方法,一般只能作为调查的先导,而不能作为调查结论的现实依据来考量。

(二) 文献调查法的整理分析

文献调查法所涉及的文献种类、格式一般较多,对其整理分析是一项核心工作,来不得半点马虎。最基本的要求就是要紧密围绕调查目的,依据事先制订的分析计划,选择正确的统计方法和指标。这与其他调查方式获得资料的分析方法基本一致。在此主要介绍一种将定性资料转化为定量资料的技术,即所谓"内容分析方法"。

内容分析方法,是对刊载于报纸杂志中有关定性类文献给予定量分析处理的一种方式。其基本操作过程如下:

1. 找出文献中最能代表某类现象的"关键词"。

2. 计算出在文献中"关键词"出现的频率、位置以及字体的面积,并给予不同的权重。

3. 加权平均处理。通过加权平均处理就可以比较清楚地看到各类现象在文献中所占的重要性。

(三) 文献调查法的应用意义

这种整理分析方法的采用,可以简化定性文献的分析处理过程，并使处理资料的过程标准化。

在市场调查中，文献调查法有着特殊的重要作用，常被作为搜集资料的首选方式，或者说所有的市场调查都始于搜集现有文献资料，只有当现存资料不能提供足够的依据时，才考虑实地调查的方法。

随着我国信息市场的扩大和统计法规的不断完善，以及出版印刷行业的发展，尤其是大数据、云计算、互联网等技术的普及应用，文献调查法的应用将会更加广泛，其重要作用也会更加明显。文献调查法已越来越受到调查研究单位和委托调查单位的普遍重视。

五、统计调查法

统计调查法，指利用固定统计报表的形式，把实际情况反映上来，通过统计分析而进行的一种常用的调查方法。由于统计报表的内容是比较固定的，因此可以通过报表分析出某项事物的发展轨迹和未来发展趋势。如通过半年干部变动情况报表，分析出人才或干部流动情况，并能分析出上半年的增减情况，还可预测出下半年的发展趋势。

（一）统计调查的原则

一是准确性原则。要实事求是，如实反映情况，统计调查的数据要准确、客观、全面。

二是及时性原则。要及时反映统计调查情况，及时预报统计调查过程中存在的问题。

三是完整性原则。要努力做到调查数字与现实情况相结合，确保统计调查的完整性。

（二）统计调查的种类

1. 按调查对象包括的范围分类

按调查对象包括的范围不同，可分为全面调查和抽样调查。

（1）全面调查是对被调查对象中所有的单位全部进行调查的方法，其主要目的是要取得总体的全面、完整、系统的总量资料，如人口普查。全面调查要耗费大量的人力、物力、财力和时间等。

（2）抽样调查是对被调查对象中一部分单位进行调查的方法，如重点调查、抽样调查、典型调查和非全面统计报表等。

全面调查和抽样调查是以调查对象所包括的单位范围不同来区分的，而不是以最后取得的结果是否反映总体特征的全面资料来区分的。

2. 按登记时间是否连续分类

按登记时间是否连续，可分为经常性调查与一次性调查。

（1）经常性调查是随着调查对象在时间上的发展变化，而随时对变化的情况进行连续不断的登记。其主要目的是获得事物全部发展过程及其结果的统计资料内容。

（2）一次性调查是不连续登记的调查，它是对事物每隔一段时间在一定时点上的状态进行登记。其主要目的是获得事物在某一时间点上的水平和状况的基本资料。

一次性调查又分为定期调查和不定期调查两种。定期调查是每隔一段固定时期进行一次调查；不定期调查是时间间隔不完全相等，而且间隔很久才进行一次调查。

3. 按调查的组织方式分类

按调查的组织方式不同，可分为统计报表制度和专门调查。

（1）统计报表制度。它是按照国家统一规定的调查要求与文件（指标、表格形式、计算方法等）自下而上地提供统计资料的一种报表上报制度。

（2）专门调查。它是为了某一个特定目的而专门组织的统计调查，包括普查、重点调查、典型调查和抽样调查等。

（三）统计调查的方式

常用的统计调查方式有普查、抽样调查和统计报表等。

六、实验调查法

实验调查法是指经过特殊安排，适当地控制某些条件，使一定的社会现象发生，以提示其产生原因或规律的方法。

（一）实验调查法的基本要素

1. 实验者。即实验调查的有目的、有意识的活动主体，他们都以一定的实验假设来指导自己的实验活动。

2. 实验对象。即实验调查者所要认识的客体，他们往往被分成实验组和对照组这两类对象。

3. 实验环境。即实验对象所处的各种社会条件的总和，它们可以分为人工实验环境和自然实验环境。

4. 实验活动。即改变实验对象所处社会条件的各种实验活动，它们在实验调查中被称为实验激发。

5. 实验检测。在实验过程中对实验对象所做的检查或测定，可以分为实验激发前的检测和实验激发后的检测两种。

6. 实验调查的过程。就是这些要素之间相互作用、相互影响的过程。

7. 实验调查的目的。揭示社会现象之间的因果联系，认识实验对象的本质及其发展规律。

（二）实验调查法的主要特点

控制某种条件，比较准确地了解有关现象的变化规律，深刻地掌握事物发展的过程，实验能否达到预期的目的，很大程度上取决于能否有效地控制实验过程，尤其取决于对实验因素和非实验因素的控制。

（三）实验调查法的一般程序

以实验假设为起点，进一步设计实验方案，选择实验对象和实验环境，对实验对象进行前检测，通过实验激发改变实验对象所处的社会环境，对实验对象进行后检测，通过前检测和后检测的对比对实验效果做出评价。

一是调查活动的实践性；二是调查对象的动态性；三是调查目的的因果性；四是调查方法的综合性等。

七、其他调查方法

此外，随着调研形势任务的变化，还出现了以下几种新颖的调查方法。

（一）头脑风暴法（Brain Storming）

这种调查方法简称"BS法"，也有译作"灵机一动法""开诸葛亮会""联翩思考法"等，意思是突如其来的好想法。在调查研究的过程中，常用来收集、比较各种方案，解放思想，发挥人的创造力,这种创造性的思维方式,对防止思想僵化和主观臆断有一定的作用。这种方法是以开小组会的方式进行,参加人数不宜太多,以具有代表性、与会者不受任何限制和便于发表意见为原则,通常以5~10人为宜,与会者最好是受过有关的专业训练。采用这种方式,由于思路开阔,所以提出的方案多,然后经过数轮的讨论、审议,形成优化的几套方案,最后提供给领导择优采用。比如,这种方式在座谈会、每周工作例会中最为常见。

(二)哥顿法(Gordon)

这种调查方法是美国人哥顿于1964年提出的。它的要求是:与会者在会议上提出方案,但是需要解决的问题只有会议主持者知道,其他人都不知道,以免思想上受到约束。会议主持者只提出一个抽象的功能概念,要求大家海阔天空地提出各种设想。例如,某区要建一个小商品市场,召集部分人士座谈研讨,大家分别从管理、供销、物流及市场需求等方面提出方案,会议主持者等到适当的时机,才把具体问题揭示出来,以作进一步的研究。这种方式启发创造性思维,对于解决某些难以突破的固有框框有很好的效果。

(三)德尔菲法(Delphi)

德尔菲原是古希腊的一座城市,是著名的阿波罗(太阳守护神)神庙所在地,古希腊重大庆典常在此举行,当时聚集了很多预言者和智慧者,由于预言者虔诚地向智慧者请教,所以预言家的预言一般都很准确。20世纪30年代,美国著名的智囊机构——兰德公司为了提高预测未来的水平,将专家的答卷预测调查法以德尔菲为代号，因此得名。这种方法是以匿名方式交流所征求和收集到的专家意见。根据所要预测的对象，寻找一批有关的专家，让他们凭着自己的专长和经验，以及对预测对象的直观认识，进行分析、判断和预测，所以这种方法又叫"专家答卷预测法"。

第二节 研究的基本方法

研究往往会被人们用来描述关于一个特殊主题的资料收集活动。利用有计划、有目的、有系统的资料收集、分析和解释的方法，获得解决具体问题的过程。研究是主动和系统方式的过程，是为了发现、解释或校正事实、事件、行为、理论或者把这些事实、法则或理论进行实际应用。研究是应用科学的方法探求问题答案的一个过程，因为有计划和有系统地收集、分析与解释资料的方法，正是科学所要强调的方法。研究的过程中，要在充分调查、掌握和整理大量信息资料的基础上，消化提炼这些资料，这就是研究阶段的重要任务。毛泽东同志指出："大略的调查和研究可以发现问题，提出问题，但是还不能解决问题。要解决问题，还必须做系统的周密的调查工作和研究工作，这就是分析过程。"这些都充分说明了"研究"的重要性。

一、理论与实际相结合的方法

这是研究阶段必须坚持的根本研究方法，也是理论联系实际作风的必然要求，我们必须认真学习和研究。

调查研究

（一）理论联系实际

它包括两层含义：一是要求我们必须认真学习马克思主义基本理论，掌握正确认识和分析问题的立场、观点和方法。因为没有革命的理论，就没有科学的实践，离开革命理论的指导，任何实践都将是盲目的实践。二是要求我们在运用马克思主义理论的同时，必须一切从实际出发，不能生搬硬套。马克思主义理论只有联系实际，才能正确地指导革命实践，以及接受实践的检验，并在实践中不断得到丰富和发展。也只有这样，马克思主义理论才是最具有生命力和战斗力的。把这两层含义统一起来理解，所谓理论联系实际的作风，也就是紧密联系实际，一切从实际出发，从群众中来，到群众中去。

（二）坚持实事求是

这实质上是坚持什么样的思想路线的问题。最根本的就是要坚持实事求是，理论联系实际，反对主观主义，在一切工作中，必须从实际情况出发，尊重客观事实，从中摸清事物固有的规律，使我们的主观认识和客观规律相一致，这样才能把好事办好。如果不是这样，而是从主观认识出发，就会造成主客观相互脱离，就要在实践中处处碰壁，给革命事业和生产建设造成损害。因此，实事求是是马克思主义思想的理论精髓，实事求是的作风也就成为了我们党的优良作风。

（三）理论和实际相结合

理论和实际相结合是马克思主义的本质要求，是马克思主义的基本原则。把马克思主义的普遍真理和中国革命的具体实践相结合，走自己的道路，这是中国共产党人的一贯思想原则。

几十年来,我们党的发展和进步就是始终坚持这一原则,从同一切违反这个真理的教条主义和经验主义作坚决斗争的过程中取得的。教条主义脱离了具体的实际,经验主义把局部经验误认为普遍真理,这两种错误思想都是违背马克思主义的。因此,要实现理论和实际相结合,既要反对教条主义,又要反对经验主义。在把理论和实际相结合的过程中,我们必须始终坚持实事求是的思想路线,始终把调查研究作为理论联系实际的根本途径,善于应用马克思主义的立场、观点和方法,认真研究和解决中国所面临的现实问题,并进行理论上的创新。

二、定性与定量相结合的方法

社会现象都是质和量的统一,不仅具有质的规定性,还有量的规定性。因此,要坚持定性研究与定量研究相结合,根据研究的需要,有所侧重,有的侧重定性研究,有的侧重定量研究。

(一) 定性研究与定量研究

定性研究是建立一套概念系统,借助理论模式进行逻辑推演,据此来解释假设的命题,最后得出理论性结论的研究方法。人们在典型的定性研究中,一般不用统计分析的方法,而是通过文献研究、实地考察、对研究对象的深入访谈来获得丰富的第一手资料。常见的定性分析有观察法、无结构性访谈法、生命简史方法(即根据日记、自传等资料描述某人或某些人的生命历程)和文本批评方法等。定性研究的基本操作步骤是:探索性研究阶段,主要工作是从收集到的资料中引出某些初探性概念；定义阶段，研究者以前期形成的概念为基础，制定出充分体现这些概念内涵的几组变量；化约阶段，对所得资料进行筛选，在此基础上形成研究的核心理论或结论；整合阶段，研究者对已提出的概念和理论做全面而深入的阐述，并用资料逐一验证这些概念和理论。

定量研究则是采用数理统计方法和计算机辅助手段对研究对象中所要分析的变量进行测量，运用数学模型对有关数据进行统计分析，以此来验证假设的一种研究方法。常见的定量分析方法有实地调查、控制实验、内容分析等。就定量研究而言，其科学程序是：选定研究课目，提出研究假设；设计研究方案和测量工具；收集相关资料；整理和分析相关资料；撰写研究报告。

（二）定性研究与定量研究的区别和联系

定性调查与定量调查是相辅相成的，这不仅表现在调查内容侧重的方面有所不同，也表现在二者功能上的互补关系。

一方面，定量调查其结果依赖于统计，希望通过对相对较多的个体测量推测由大量个体构成的总体的情况；定性调查则不在此，更多地侧重问题的选项而非变量的分布。

另一方面，定性调查与定量调查通常前后相继。例如，问卷是定量调查的工具，但在问卷设计的过程中，为了完善问卷的内容、措辞乃至结构，普遍做法是进行数次试访，显然试访的结论不是用来推断总体的情况，因而属于定性研究。

三、历史与逻辑相结合的方法

历史与逻辑的统一，是指历史的东西与逻辑的东西的统一，这是我们认识事物的一种重要方法，也是我们在调查基础上深化研究的重要方法。

(一) 历史与逻辑统一的内容

历史与逻辑统一的基本内容大致包括：一是理论的逻辑进程与客观现实的历史发展进程相一致。恩格斯说："历史从哪里开始，思想进程也应当从哪里开始，而思想进程的进一步发展不过是历史过程在抽象的、理论上前后一贯的形式上的反映。"二是科学理论的逻辑进程与关于对象认识发展的历史进程相互一致。各门科学的概念、范畴的发展与其理论的历史发展进程相互一致。三是思维科学的理论与认识史、思想史相互一致，个体的思维规律与整个人类思维发展规律相互一致，儿童智力发展规律与整个人类思维发展规律相互一致。

(二) 历史与逻辑统一的差别

它是在总的发展趋势上的相互统一，这种统一包含着一定的差别。因为历史发展常常包含着无数的细节和偶然因素，甚至通过迂回曲折的道路，表现其内在的发展规律；思维的逻辑则是对历史的总结和概括，它撇开历史发展的各种细节和偶然因素，以"纯粹"的理论形态把握历史发展的内在规律，它是"经过修正的"历史。

(三) 历史与逻辑统一的方法

运用历史与逻辑统一的方法，要求在科学研究中辩证地处理历史方法和逻辑方法的相互关系。历史方法是依照对象发生发展的自然进程揭示其内在规律,属于描述性的方法。逻辑方法则用概念、范畴、理论等形式概括反映对象发生发展的规律,属于理论思维的方法。逻辑方法侧重从"完全成熟而具有典范形式的发展点上"考察对象,它具有以下两个重要的现实意义:一是只有当被考察的对象发展到成熟、各种矛盾充分暴露的时候,才能看清楚对象的各个部分、各个环节的必然联系,以及它们在整体中的地位和作用,才能有利于科学理论体系的建立;二是获取有关对象发展到最高点的知识,是了解该对象过去历史的一种有效手段。从成熟点看对象的过去,可以比较清晰地认识对象发展的内在联系,包括那些处于萌芽状态或表现得模糊不清的事物。

第五章
提高调查研究质量

调查研究选题决定之后，如何入手，如何高效率地达到对问题全面、深刻和准确的认识和把握，这就有一个方式方法问题。调查研究方法是人们了解和认识问题的途径，相对于调查研究形式而言，它是各种具体调查研究形式的综合应用。从作用上可将调查研究方法分为两类，一类是如何提高调查研究质量，另一类是如何提高调查研究效率。

第一节　注重点面结合

点面结合，是最常用的调查研究方法。运用这种方法的主要目的在于既了解调查研究范围的整个情况，也了解该范围内有关个体、局部的情况，实行点面调查研究的互相渗透、互相弥补，以求得到比较全面、深刻、准确的认识。

"点面结合"中的"点"，就是调查研究总体范围内的一个或若干个分子；"点面结合"中的"面"，就是调查研究的总体范围。进行点上调查研究，解剖一只到几只"麻雀"，获得的材料就比较生动、具体、有说服力，但往往零碎、片面、深而不广；广泛进行"面"上的调查研究，获得的材料比较丰富、系统，但往往情况不透、广而不深。实行"点面结合"的调查，可以使调查研究在内容上互相补充，观点上互相深化。

因此，点面相结合的调查研究方法有以下几种运用方式。

一、由浅入深

这种方法一般为较大型的综合性调查研究所采用，如一个地区的经济或社会发展情况调查研究等。它以调查研究解决全局性的，而不是局部性的问题作为目的，其调查研究成果是各级政府制定宏观政策、方针的主要依据，也是各种学术调查、专题调查的可贵参考资料，因此对面上情况尤其要求系统性和完整性。农村推行联产承包责任制后，劳动力开始从土地上游离出来，从事二、三产业，为了把握劳动力流动规律和分工具体状况，当时，有些地区就是采取这种方法进行了这方面的调查，大体做法是：对全部劳动力作无遗漏的统计，然后分层（按县、乡、村、组的层次进行具体分类，再按照种植业、养殖业、副业等）进行取点调查，做到了面上调查全且细，点上调查深且精，从而分析出农村劳动力流动及分工的趋势和特点，为地方党委、政府制定农村劳动力转移，搞活农村经济的有关政策提供了决策依据。

这种调查研究方法的一般程序和要求如下。

(一) 制订调查计划

事先要制订调查计划，包括调查研究目的、内容、项目、时间要求、选点多少、采用什么样的具体调查形式等。在此基础上，列好调研提纲，必要时还要制定一整套问卷和表格。表格中的项目和指标必须抓住重点，不要过于繁杂。必要的时候，可先下去摸几个点，看哪些问题是重要的，哪些是次要的，再回过头来做计划、列提纲、制定表格等。

具体的调查计划如下。

1. 确定调查项目

必须依据调研选题以及调研提纲来设置调查相关项目，影响调查目标的因素都可以成为调查的项目，但要选择与调研主题关系密切相关的项目来进行。

2. 确定资料来源

根据调研内容来确定具体资料的来源。

3. 安排调查时间

调查组织者要对整个调查在时间上进行周密的安排，要确定调查的总时间及阶段性时间，并规定每个阶段要完成的调查目标或任务。

4. 安排调查地点

调查地点选择是一个城市，还是几个城市；是选择某个城市的一个地区，还是一个街道；是选择现场调查，还是网络调查，应该根据具体的调查项目来择优选择。

5. 安排调查对象

面向什么人、确定多少人进行具体调查，应该根据调查选题的要求来确定。被调查者人数确定可以运用抽样的方法，经验表明，如果抽样程序和方法科学的话，样本规模（被调查者数量）大体在1%左右即具有代表性、稳定性和可靠性。

6. 拟定调查方法

当需要收集第二手资料时，可以采取资料调查法。当需要收集第一手资料时，可以采取的调查方法主要有观察法、询问法和实验法。

总之，可以根据调研选题要求及自身条件来确定具体的调查方法。一般来说，首先考虑运用资料调查法，在满足不了资料调查需要的情况下，再考虑运用实地调查法。

7. 选择调研工具

在收集第一手资料时，可以使用的调研工具主要有调查问卷的方式，问卷就是根据调查目的和内容而设计的调查表。在收集第二手资料时，可以使用的调研工具应该是搜索或检索。

8. 安排调查分工

在调查计划制订中，根据调查选题要求可以集体收集，也可以进行分工办理。但调查研究报告的撰写一定要具体分工，落实到每个调查小组人员身上，才能够保证调研报告按时按质地顺利完成。

9. 进行费用预算

调查费用一般包括劳务费、问卷费、差旅费和设备使用费等。

(二) 进行面上调查

面上调查可以采取普查的方法，即对调查总体范围内所含分子进行逐一统计；也可以实行抽样量化统计或抽样问卷调查，但所抽出的样本必须多一些，以提高准确度；也可以召开座谈会，或听取有关方面负责人介绍全面情况等。

1. 面上调查的实施

一般包括三种形式：入户访问、街头拦截、计算机辅助。

（1）入户访问

入户访问是指调查员到被调查者的家中或工作单位进行的随机访问，直接与被调查者面对面的接触。然后，或是利用访问式问卷逐个问题进行询问，并记录对方的回答；或是将自填式问卷交给被调查者，讲明填写方法后，等待对方填写完毕，再回来收取问卷。在决定采用入户访问方式之前，调查员首先要决定到哪些户（单位）去访问。应该尽可能详细、具体、规范地规定抽取家庭户的办法。同时，要求调查员必须严格地按照规定程序进行抽样，绝对不可以随意地、主观地选取调查户。

入户以后要具体确定访问的对象是谁。根据研究的目的不同，确定的访问对象也不相同。如果调查的内容主要涉及整个家庭，则一般是要求访问户主；如果调查的内容主要涉及个人的行为，一般是访问家庭中某个年龄段的成员，或是按照某种规定选取一位家庭成员进行访问。不管是哪一种情况，抽样方案中都要规定具体的方法，使调查员有据可依。对于只选一位家庭成员的情况，一般根据入户随机抽样表进行确定。

（2）街头拦截

拦截访问是指在某个特定场所拦截在场的一些个人进行面对面的访问调查。这种调查方法常用在商业性的消费者意向调查中。拦截面对面访问的好处在于效率高，但是，缺点就是无论如何控制样本及调查的质量，收集的数据都无法证明对总体有很好的代表性。

（3）计算机辅助

计算机辅助个人面访调查，在一些发达国家使用比较广泛。

2. 面上调查的应用范围

面上调查目前是国内使用最广泛的方法，几乎涉及市场调查的各个领域。

（1）消费者研究。例如，消费者的消费行为研究、消费者的心理研究、消费者的生活形态研究、消费者满意程度研究等。

（2）媒介研究。例如，媒介接触行为研究、媒介接触效果研究、媒介广告效果研究等。

（3）产品研究。例如，对某产品的使用情况、产品质量、使用态度的追踪研究，新产品的开发研究等。

（4）市场容量研究。例如，对某类产品的目前市场容量、占有率以及近期的市场容量的估计，各竞争品牌的市场占有率研究等。

3. 面上调查的实施意义

容易建立访员与被访者之间的信任和相互合作的关系，有望得到较高质量的样本和获取较多内容、较深问题、较高质量的访问数据。此外，它还具有激励的效果。

（三）选点深入调查

点的选择必须分层次、分类别或分项目。层次选点要求是逐层而下，如县以下选几个有代表性的乡，乡以下选几个有代表性的村，村以下选几个有代表性的农户。这样做的目的是，有利于根据问题发生的层次，根据各层次对面上情况的不同反应，得出比较完整的结论，认识问题才有立体感。点上调查也可以采用座谈会、问卷调查等各种形式。

那么，选点深入调查，要做到深入应注意以下几点。

第一，要深在思想认识上。走访调研、选点深入是服务群众、改进作风、加强我们党的建设的重要抓手，是推动全局工作的重要方法和载体。我们只有从讲政治、顾大局、守纪律的高度，去认识、去落实、去推动，才能积极主动，才能把问题需求带上来、把办法经验带上来，取得基层广泛认可的扎实成效。

第二，要深在走访交流上。走访调研、选点深入不仅仅满足于听一听、记一记，报个名、签个到，问题无关痛痒，话题不能深入，很容易变成"人口普查"。事实上，与广大群众交流也是个技术活。首先，态度要诚恳，思想要端正，要谦虚谨慎，切忌自以为是；其次，话语要得体，态度要亲和，语言要接地气，切忌打官腔、说空话、说套话，要善于启发和引导广大群众把实情讲出来、把诉求表达出来，对于群众反映的重要问题，要讲清楚、问明白，便于后续的解决和落实。

第三，要深在常态长效上。走访调研、选点深入，就是要求我们"结对"要稳定、"攀亲"要长久。要放下架子、沉下身子、迈开步子、干出样子，要深入车间班组、田间地头，"零距离"地接触干部群众。走访不仅要"家家到""户户进"，还要形成长效机制，长期坚持，久久为功。

第四，要深在问题落实上。走访调研、选点深入的落脚点是为群众办实事、为基层解难题。对于走访中了解到的一些问题、采集到的基本诉求,能解决的要及时解决,不能解决的要耐心细致地做好解释工作。

此外,大型调查研究采用点面结合的调查,应该注意的问题是必须找准点面结合的"点":一是目的上的结合,即根据调查目的,对准要解决的主要问题,集中力量,进行点面两个方面的调查,不要多头出击,"胡子眉毛一把抓";二是性质上的结合,调查就是要达到对问题性质上的认识,而不能局限在零散表面资料和数字上就事论事;三是决策上的结合,即针对点面上共同存在的问题,提出解决的办法,不要面面俱到,但要在科学决策上起到积极作用。

二、逐步扩展

这种方法一般为中、小型的专题性调查研究所广泛采用。由于现代社会经济活动十分复杂,许多问题的变化及其相互关系像一只"黑箱",单纯从面上调查确实难以搞清楚,需要"一竿子插到底",直接深入到问题的内部,选若干个点进行调查,实行"中心开花"战术,不需要把点上方方面面的问题都搞清楚,只要把主要问题抓准、搞透即可。在点的调查发现问题的基础上,"顺藤摸瓜""依渠引水",逐层而上,由点及面,联系面上的情况进行分析。这类调研的成果,对于帮助领导认清和解决某一方面的问题很有价值。它要求调查深入细致,有针对性和时效性。

这种调查研究方法的一般程序和要求如下。

(一) 选好调研点

要明确选点的范围和类型，实行分类处理，区别不同情况再定点，因为要把问题找准、弄透，所选的点必须有代表性和典型性，即点的基本特征要能反映调查总体中大部分特征，或能反映某一局部的问题。最好选择矛盾暴露得比较充分，问题比较突出的"点"来加以研究，特别要注意点与面上问题在时空条件下的一致性，即在发生问题的时间、地点或其他自然条件上有类同性质，否则形成点面情况之间的"时差"和"位差"，就会造成调查内容的失实。比如，做关于动物园主题的调研，就要选择动物园作为调研地点，否则的话，如果你到另外一些地方进行调研，可能这些人对动物园没有概念，那么调研就不会收到实质性的效果。总而言之，选择和调研主题相关的调研地点是非常重要的，因为这样一来才有针对性。更多的人以往可能会把调研当中的问卷设计看成非常重要的一部分。这部分固然是非常重要的，但是如果一份非常优质的问卷没有放在正确的地方进行调研，那么也是无济于事的。因此，进行市场调研的时候，除了要注意问卷的设计以及其他方面的问题，对于调研地点的选择也是绝对不容忽视的，这是非常重要的。不要认为随便找一个地方就可以开始调研，而是要对调研地点进行分析，然后选择最合适的地点。

(二) 开展点上调查

可以采取蹲点"解剖麻雀"或"微服私访"的方式，也可以逐步展开，逐个点地召开座谈会等，取得大量第一手材料，并且边调查边分析综合，找出点与点之间的区别和联系，概括、提炼有共性意义或有因果关系的问题,由此形成对问题的初步结论。

简单地说,由点到面要注意以下几点:

1. 要选好观察点,便于观察场面的全景呈现,以便于观察者能够全面系统地观察到事物发生、发展过程。

2. 要注意观察的顺序,或由远到近,或由里到外,或从左到右,或按东西南北的顺序等。

3. 要注意抓住典型特征,观察时最能突出场面特点的典型景物、景象一定要认真仔细的观察。

4. 要注意观察点上的变化,观察整个场面的特点不要忘记观察点上的变化,要做到面中有点、以点带面。

(三) 由点到面展开

根据点上理出的问题及问题之间的联系,追根溯源,逐层而上看点上的问题是由于什么原因引起的。为了提高点上调查的信度,可横向扩展,即适当增加点的数量,补充、印证原来点上的调查情况,减少点上调查的误差。例如,《开国大典》一文中的最大特色,就是把"大典"活动的过程和面上的情形写得很清楚。

下面,我们来看一看《开国大典》中的两个场面。

会场布置的场面:①会场在天安门广场,广场呈丁字形(点);②丁字形一横的北面是一道河,河上有五座白石桥;③再北面是城墙,城墙中央是高高耸起的城楼;④丁字形的一竖向南直伸到中华门;⑤在一横一竖的交点的南面,场中挺立着一根电动旗杆;⑥主席台设在城楼上;⑦城楼檐下,八盏大红宫灯分挂两边；⑧靠着城楼左右两边的石栏，八面红旗迎风招展（面）。群众队伍游行场面：①阅兵式完毕，已经是傍晚的时候；②天安门广场上的灯笼火把全都点亮起来，一万支礼花陆续射入天空（点）；③天上五颜六色的火花结成彩，地上千千万万的灯火一片红；④群众游行在这时候开始；⑤游行队伍分东西两个方向出发，他们擎着灯、舞着火把，高呼"中国共产党万岁！""中华人民共和国万岁！""中央人民政府万岁！"他们一队一队地按照次序走，走过正对的白石桥前，举起灯笼火把，高声欢呼"毛主席万岁！"

由点到面，表现一个集中的中心，围绕中心写出的场面才会生动具体，让人看后才会有身临其境的感觉。

三、解剖麻雀

"解剖麻雀"调查法是根据大面积发生的情况及所要解答的问题，直接深入到该范围内的一家或几家单位、部门进行典型调查，即所谓解剖一只到几只麻雀，能知其他所有麻雀，由此回答和弄清面上的问题。

这种调查研究方法，有利于减少在面上看报表、听汇报的误差，并能通过调查者身临其境的实际感受，强化调查材料的说服力，反映情况更实际、更有立体感。但值得注意的是，不能任意提高典型和夸大局部的个别问题，随意推及普遍意义，容易造成恶劣影响。

面上出题目、点上找答案的调查方法，适于以下调研选题：一是由于人力、物力及地理等条件限制，难以实施全面系统调查的课题；二是领导者或调研者个人对某个面上问题有所了解，又不得甚解，通过解剖几个典型，就能使问题清楚明了的课题；三是适于局部经验总结的选题。

这种调查方法的一般程序和要求如下。

（一）出题要准

对面上的情况必须有一定的了解，出的题目才能对路，不能"乱点鸳鸯谱"，面上无目标地随心所欲乱出题，点上必然找不出正确答案，要做到面上题目有"点"放矢，才能收到奇效。

（二）选点要好

要根据面上所要解答的问题和包括的范围来选点，要从有利于认识普遍意义来选点。例如我们要总结某一方面的经验，当时有多个典型，这就要把典型与典型进行比较，排除特殊条件下形成的典型，而选择具有普遍意义的典型。一般来说，选点不在多，关键在问题必须要根据上述方法来选点，方能达到预期的效果。

（三）调查要深

最好采取蹲点调查的方式，住在点上，灵活运用各种调研形式。必要情况下，还可以参加调查地点上的一些活动，例如，与被调查者"三同"（同吃、同住、同劳动）等，从而增加实际感受，也有利于调查者与被调查者之间融洽感情，促使被调查者讲心里话，得到真实的材料。

四、精准施策

任何问题都不是孤立存在的，都与外界有着各种各样的联系，而且发生、发展都有一个过程。作为调查研究部门的调研工作，必须善于发现，善于研究个别、局部的新情况、新问题，并由此预测出对其他方面、对面上产生的影响，及时而准确地将情况反映给领导，并提供科学决策的建议，使这些问题得到正确引导和及时解决。因此，点上看问题，面上看影响，是我们调查研究工作不可缺少的调研方法。

(一) 精准施策的程序和要求

1. 要善于发现

现代社会新情况、新问题层出不穷，但是作为调查研究部门，不应该什么情况都反映，而要对新出现的情况进行分析、筛选、鉴别，透过现象看本质，有些问题"星星之火，可以燎原"，是事物发展的必然趋势；有些问题即现即逝，是事物偶然现象。总之，要通过分析，看哪个问题是事关全局而至关重要的内容，就调查反映哪个问题。

2. 要及时反映

对待重要的问题，调查研究者要新、准、快、灵地及时反映，不能贻误时间，否则时过境迁，造成领导决策上的失误。

3. 要综合判断

一是看点上的问题在面上影响范围有多大；二是看影响的深度，有的问题，虽然局限于个别地区和单位，但可能是事物的新苗头，可能透视出发展趋势和前景；三是看影响的效果，即此问题与彼问题的因果联系，会产生什么样的影响；四是看推广的力度，对政策的信息反馈或推广某一方面经验的结果反馈所进行的点上调查，要联系面上情况，分析此项政策或经验为什么推广不开。总之，在这里，点上调查研究绝不是孤立的，必须联系面上进行分析，才有调研的价值。

(二) 精准施策典型案例分析

【按语】精准识别是精准扶贫和精准脱贫的前提和基础。上级有精准识别的政策和程序规定，按规定执行操作，看似十分简单，但基层情况非常复杂，针对某些特例，特别是需要突破政策杠杠的特例，基层干部却不知道怎么操作，因为上级政策不可能事先针对各种情况把具体怎么操作都设计好。针对拿不准的情况，只能层层请示汇报上去，基层干部害怕被问责而不敢"轻举妄动"。

在精准识别清理整顿中，有下面这个案例，请大家参与讨论，究竟该怎么处理？讨论之前，先交待精准识别和易地搬迁的几条政策规定：

1. 以户为单位，整户纳入，不准拆户、分户。

2. 以户籍为准，考虑共同生活。

3. 非农户口不准纳入。

4. 易地搬迁扶贫对象为"一方水土养不活一方人"地方的农村建档立卡贫困人口，按照一户一宅方式安置。

5. 非建档立卡贫困户可以一起搬迁，除在基础设施方面一视同仁扶持外，建档立卡贫困户以外的其他农户建房要自筹资金予以解决。

>>> 案例

某户男性户主，35岁，父母已亡，也无兄弟姐妹。2012年

5月经人介绍与30岁城市户口残疾女子成婚并在乡下居住务农,生活困难,房屋是危房。2014年建档立卡时,经村民主评议认定为建档立卡贫困户,但因为该女子是非农户口,当时只把男户主一人登记为贫困人口。2016年5月列为易地搬迁扶贫对象。2016年11月,育有一子,登记为农业户口,在系统里没作人口自然增加处理。2017年5月,易地搬迁项目完工。在精准识别清理整顿和按什么标准安置时,产生了严重分歧。

第一种意见:该户不能认定为贫困户,更不能享受易地搬迁政策。尽管生活贫困,但因为家里有非农户口,2014年建档立卡时就识别不准。问题是,精准识别政策执行到位了,但该户的确困难,不能因为娶了一个非农户口的残疾老婆而享受不到扶贫政策。

第二种意见:该户可以认定为贫困户(户主和儿子2人)。但易地搬迁只能享受1个人的面积,因为确定易地搬迁对象时家里只有1个建档立卡贫困人口,但还是违背了整户纳入规定,存在分户问题。

第三种意见:该户可以认定为贫困户(户主和儿子2人)。易地搬迁可以按2个人的面积安置,具体是男户主和女主人,但女主人的面积要自筹资金解决。理由:尽管确定易地搬迁对象时家里只有1个建档立卡贫困人口,女主人是非农户口,但考虑实际居住,一家人不可能分开,按2个人面积安置更加合情合理,但问题是本户本来就穷,女主人安置面积要自己出钱的确困难。

第四种意见:该户可以认定为贫困户(户主和儿子2人)。

易地搬迁可以享受2个人的面积,具体是男户主和女主人。问题是,不符合精准识别和易地搬迁政策。

第五种意见:该户可以认定为贫困户(户主和儿子2人)。易地搬迁可以享受2个人的面积,具体是户主和儿子,系统里儿子作人口自然增加处理,女主人不能纳入也不能享受易地搬迁政策。

第六种意见:该户可以认定为贫困户(户主和儿子2人)。易地搬迁可以按3个人的面积安置,但女主人的面积要自筹资金解决。

第七种意见:该户可以认定为贫困户(户主和儿子2人)。易地搬迁可以享受3个人的面积。

第八种意见:该户应当整户纳入贫困户(一家3人)。易地搬迁可以享受3个人的面积。理由:女主人尽管是非农户口,但整个家庭是农业户口。精准识别"非农户口不准纳入"更应该准确理解为"一家人都是非农户口不准纳入"。

第二节 坚持虚实并举

"眼见为实,耳听为虚",这里我们借助这一句俗语,把观察和询问相结合的调查研究方法形象地表述为"虚实并举"。运用这种方法的目的主要在于求得调查研究情况的真实性。

我们说,询问和观察这两种具体的调查研究形式,单独应用都有自身难以克服的缺陷,而将这两种形式结合,可以取长补短。其一,"百闻不如一见",询问和座谈所得到的情况都是间接的，而亲自去看一看，不仅能加深印象，而且身临其境、亲身体验，所获得的材料就更生动、实在；其二，如果单凭观察，所得情况虽然很具体、很现实，但只是表面现象，是现在状态，不可能知道问题的过去和对未来的预测，虚实并举，则可得到更深层次和较长时间、较大空间的情况；其三，对问题本身的调查，通过询问、座谈有时虽基本了解清楚，但对当事者态度的调查，仅"听"是不能从根本上解决问题的，还要"听其言，观其行"，把听、看所得到的情况综合分析，方能得到较为真实、客观的结论。

虚实并举的调查研究方法有以下几种应用形式。

一、虚实同构

（一）要方法一致

在采用结构性询问的同时，相应地采取结构性观察；采用非结构性询问的同时，相应地采取非结构性观察。这样做的好处是，能使询问和观察的内容高度一致、针对性强，也有利于调查资料的综合、整理和分析。

（二）要分解问题

把所要调查的问题分解成一个个具体条目，使询问和观察的条目一致起来。如果是结构式的，则应当按照结构式的原则，做好技术处理。结构性调查适用于大规模的易于回答的调查，非结构性调查多半用于专题性的、不易回答的调查。

（三）要区别对待

在采用虚实同构的调查研究方法时，应注意调查问题的性质和类型，由此来确定是采用结构性调查还是非结构性调查。

二、以实导虚

（一）要相互印证

就是以访谈所获得的情况来充实、印证观察所获得的情况。如我们调查产品的质量和产量，一般通过实地观察就能够大体作出结论，但是要说明问题，必须比较原来的状况。而观察只能是当时的，没有参照对象，这就需要经过座谈访问，进一步了解过去或其他同类生产单位的情况，这样不仅可验证观察的准确性，而且可预测发展的趋势。

（二）要借助工具

以虚充实的调查方法，一般适用于量化调查的内容，如在农村调查农作物田间产量、农业生产规模等。这里的观察必须借助调查工具，应用量化调查技术，不是"走马观花"，而是"下马观花"，在调查的深度和精度上下功夫。而在观察之后进行访谈和问卷，是在"深"和"精"的基础上进一步求证问题的广度和深度，以探求观察结果的代表性和典型性。

（三）要方法适用

以虚充实的调查研究方法，首先必须在"虚"即观察上下功夫，这样才能达到预期效果。

三、虚实互补

在调查过程中，调查者充分利用听觉和视觉感官，实行观察和询问并举，以询问来促使观察的深化，以观察来推进询问的深入，实行听、看互补，对提高调研质量有很好的作用。

（一）要察言观色

在询问或座谈过程中，往往有的调查对象由于种种原因，不愿谈出事实的真相和问题的全部。如在农村调查实际收入"打埋伏"，这时应"察言观色"，根据调查对象的特点，实行迂回询问，从其他角度切入调查。

（二）要微服私访

在观察过程中，被观察对象由于受各种条件的限制，不能暴露"真面目"。如对农村风土人情进行调查，单靠直接观察难以达到预期效果，应采取个别访问或"微服私访"等形式。

（三）要抽查取样

在问卷调查中，更需要到实地观察和座谈，抽查几个点，选取几个样本，论证问卷调查的客观性。

总之，在调查活动中，观察和询问这两种基本形式是缺一不可的，但必须把这两种形式结合好、应用好。调查者本人应根据具体情况，审时度势，善于把握机会，实行"虚""实"灵活应用。

第三节　搞好定量定性

一切事物都要是质和量的有机统一体。事物的"量"表示事物发展变化的程度和规模，"质"表示事物存在的性质及变化的方向、规律。"量"的积累和变化促使"质"的转化，"质"的状况又对量的变化具有规定性，质、量之间是互为转化、互为促进、互为制约的关系。因此，我们对问题必须从质和量两个方面去分析和把握，轻视或忽视任何一方，都得不出完整而正确的结论。

在一些调查研究报告中，我们往往看到以下两种情况：一是重视定量不重视定性，大量地堆砌数字，罗列原始数据或统计学上的总数和平均数，缺乏具有鲜明的、准确的观点，对问题的性质分析得不深不透，使人看了不知所云；二是重视定性不重视定量，采用"差不多""大体上""基本上"的模糊字眼，缺乏典型数据和定量分析，文章透明度较低，使人看了得不出确切、具体的概念。

定量分析和定性分析都很重要。没有量的分析和描述，就把握不住问题的正确认识和解决问题的"适度"，问题的性质决定了其发展趋势，定性一错，失之千里，调查研究成果就失去了根本的价值。从定性分析和定量分析的关系来看，定量分析的目的是达到对问题性质的认识，是定性分析的前提和条件，而定性分析是对问题的根本认识，是定量分析的必然结果。因此，在调查研究的过程中，必须把定量分析与定性分析结合起来。

一、定量分析

定量分析必须达到精确化的程度，考虑到定量分析比较复杂，受人手及分析手段等的限制，可将一些定量分析内容委托给专门研究单位去做，但定量分析的基本程序和要求，我们必须熟悉。

(一) 基础资料整理

基础资料整理，这是定量分析的基础性工作。即把获得的资料进行分类，使之条理化、系统化。

主要方法有分组法、表格法和图形法。

1. 分组法。按照类型、层次和结构进行分组，以揭示各种数据之间的相互关系和特点。分组法的原则：一是根据调查研究目的选择适当的分组标志。如研究经营户问题，可按经营项目、经营规模、经营收入进行分组。二是必须选择能反映被调查对象的本质标志。如研究工人的文化素质，不能仅以学历进行分组，而应以实际文化程度作为分组标志。三是用以分组的标志应当明确，互相排斥，没有前后遗漏和前后不一致现象。如把身份划分为工人、党政干部和技术人员，就会出现重合情况（即有的党政干部也是技术人员）。确定分组标志后，再把各个数据列入各组中。

2. 表格法。把各种数据列入表格内，通过表格进行归纳整理，显示出各种统计数据的涵义及相互关系。

3. 图形法。把分组法或表格法归类的数据用点、线、面等几何图形、实物形象、地图及各种色彩绘制的图形来表示，具有直观、形象、生动等特点，并且一目了然。但要注意的是，图形必须准确地显示统计资料，力求简单明了，必须精心设计图形坐标和基准点，必须有确切的统计标题，必须附有依据的资料和说明。

(二) 原始资料计算

主要计算绝对数、绝对平均值和相对数。

1. 计算绝对数，看各类型、各层次的现状和规模等。

2. 计算绝对平均值，看各类型、各层次的平均发展水平。如果同类的只有几个数据，可采取简单算术平均法；如果数据比较多，为求得准确，可采取加权平均法；也可以取众数，即在一组数据中，取出现次数最多的一个数据作为平均数；还可以取中位数，即取一组数据中处于中间位置的一个数据。

3. 计算相对数，主要类型有：时差相对数，即现在与过去比较，现在与计划比较（计划是未来数或争取数）；结构相对数，即部分与整体相比较，看所占有的份额和比重；类别相对数，即一组与另一组相比；动态相对数，即报告期数值与基数值相比。相对数一般用百分比表示。

（三）相关内容分析

相关分析是测定一种情况与另一种情况相互关系的方向、程度的方法，它通过对变量之间关系的描述，说明问题之间的相伴性质。但是要分析一种情况与另一种情况的因果关系，必须用回归分析。如我们分析居民收入的原因，如果单纯地把劳动力多少作为回归关系就不对了，因为劳动力多，不见得收入高，而起决定作用的是劳动力经营和技术水平。这里，劳动力多少作为相关关系还是回归关系，取决于实际情况，还取决于调查研究者对于自变量与因变量的准确判定。如果是在"平均主义"分配方式的条件下，劳动力多少与居民收入是回归关系；而改革经济体制，实行真正的按劳分配后，则应是相关关系。

相关分析与回归分析有一整套计算方法，可参考有关书籍学习应用，按公式进行严格的计算。

（四）统计数据推论

事实上，我们调查所取得的数据资料，只是总体中的部分样本，尤其在大型调查中更是如此，要得到总体结论，必须根据现有样本进行总体推论。统计推论包括两个部分：一是根据计算出来的样本统计和样本相对值推断总体相应的参数；二是进行统计假设检定，即先对研究总体的某些特征作出假设，再用样本分析的结果检验假设值，从而达到推论全体的目的。统计推论的一些计算方法也较为复杂，这里不一一赘述。

二、定性分析

通过定量分析，一般可以清晰地显示出调查问题的全貌，但它仅仅是最优的分析和描述，还必须上升到定性分析的高度，即由原来"就事论事"阶段转向"以理说事"的阶段，对问题作出理性的判断和结论。这里介绍几种常用的定性分析的方法。

（一）矛盾分析法

用辩证唯物主义关于矛盾的理论、法则去分析具体事物内部矛盾及运动状况的方法，就是矛盾分析法。这种定性分析方法是把调查研究的问题作为一个矛盾总体来对待，然后分层次、分类型地去分析矛盾的各个方面，从而把握其规律和发展方向。

运用此方法，要掌握以下几点：

1. 找准主要矛盾。抓住主要矛盾进行分析和解剖，提出解决问题的意见和建议。

2. 确定矛盾的性质。是自然造成的矛盾，还是人为造成的矛盾，我们都要一一加以确定。是客观上的矛盾还是主观上的矛盾，是根本矛盾还是枝节矛盾，是眼前矛盾还是长远矛盾也要一一甄别。

3. 预测矛盾的后果。有些矛盾后果是潜在的，如果不注意矛盾运动趋势，就会带来严重的后果。如十一届三中全会前，不少地区为了发展粮食生产，大量毁林开荒、围湖造田，但由于破坏了生态环境，造成水土大量流失，最终还是影响了粮食产量。

4. 区分矛盾的类别。要善于区分矛盾的普遍性和特殊性，做到具体问题具体分析、具体对待。

5. 分析矛盾的原因。分析外部矛盾和内部矛盾，内部矛盾是变化的根本原因，外部矛盾是变化的根本条件。如，搞活企业的问题，其内部矛盾是经营机制问题，外部矛盾是各种配套条件问题。这就要求我们把企业内部机制作为搞活企业的关键，同时，要相应地推进外部配套改革等。

6. 重视矛盾的变化。注意分析矛盾产生的主要方面和次要方面，矛盾产生的主要方面决定着该矛盾的发展和变化，应着眼于矛盾主要方面提出解决问题的办法。矛盾分析方法还包括矛盾的同一性和斗争性，对抗性矛盾和非对抗性矛盾等，都可以作为我们分析认识问题的开门钥匙。

(二) 因果分析法

把调查研究总体作为一个因果系统，用联系的观点来分析问题的发生、发展及变化，这种方法就是因果分析法。

因果关系的表现形式有一因多果、一因一果、多因一果、多因多果和反因为果。在因果关系比较复杂的情况下，不要寻求绝对的原因开端或起点,也不要寻求衡定的主要和次要原因,以免陷入"鸡生蛋还是蛋生鸡"的因果思辨之中。

我们分析的重点应是:

1. 原因的联系,即一个因素对另一个因素以什么形式产生影响。

2. 原因的中介,即一个因素影响另一个因素的中间环节、中间载体是什么东西。

3. 原因的转化,即一个因素对另一个因素的影响可能会产生什么结果,这样就容易抓住所要达到的目的。也可采用"因素树"分析方法,也就是将多层次的"主因系列",按诸要素的相互联系性质和层次、相互作用的力度和机制,有系统地排列起来,组成一个有主干、有分枝的"因素树",以便我们有步骤、有系统地从"干"到"枝"、从"枝"到"末",进行定性与定量分析,找出问题与问题联系的基本规律。

(三) 预测分析法

根据过去或现存的资料去推测未来,预测事物的发展趋势,这种方法就是预测分析法。它以预测未来作为己任,但又必须以各定性分析方法,包括各种定量分析作为基本手段。

预测分析的具体方法很多,归纳起来可分为以下四种方法:

1. 直观预测法。主要靠人的经验、知识和综合分析能力进行预测,如召开专家座谈会,请他们对某个问题提出看法、估计和判断;再如函询调查预测法(国外称之为德尔菲法),即根据要预测的问题,成立由各方面人士共同参加的小组,进行函询预测等。

2. 探索预测法。对未来环境不作具体规定，假定未来仍沿着过去或现在的方向发展，从而进一步探索问题未来的可能性。如历史类比法、分析模型法、趋势外推法等。这也就是我们常说的"假如今后遇到这种情况的话，将会如何、如何……"

3. 规范预测法。把人们的现实需要和预期目标作为限制条件，用来进一步估测实现目标的时间、途径和需要创造的条件。如，某地经济发展要达到改革目标，需要什么条件、采取什么途径才能达到，如果其中某一条件不能满足，则这一目标将推迟多长时间。这一类型的预测方法有形态模型法、网络技术、关联树法及模拟方法等。

4. 反馈预测法。就是将探索型预测与规范型预测相互补充的方法。既可以预测可能的环境条件，又可以预测可能的目标，使两者处于一个相互制约和相互促进的反馈系统当中，以此进行预测的方法。

第四节　学会纵横比较

比较是分析研究不可缺少的方法。纵横比较是把调查问题的总体或内部各要素与同质问题，从不同的角度和要求上进行横向或纵向比较，目的在于找出问题的特点。这种分析方法也是调查研究工作中所常用的。

事物的特点，即一个事物与另一个事物的区别，也即矛盾的特殊性，它是认识和解决问题的基础。问题的特点主要从比较中得到，比较得越全面，对特点的认识越少片面性，比较越深刻，对特点的认识也越透彻。所谓"不比不知道，一比吓一跳"，可见比较分析在认识上的特殊作用。

一、纵向比较法

纵向比较是根据层次性、相关性、连续性原理进行纵向序列的比较，常用的有以下几种。

（一）时间序列的比较

即把所调查问题的发生时间作为基点，与过去情况相比，与未来可能实现的目标相比，从而可以看出现实问题在形态、特征及功能方面的发展变化，看出现实情况的差距或发展潜力。这种比较的参照底板，即历史或未来情况，必须要求有一定的真实性和标准性。

（二）关系序列的比较

如，一个地区的经济状况分析，其比较对象可上溯及市、省、全国，下可比及县、乡、村，由此反映出分析对象在从属序列中所占的比重和地位。这种比较，也要求参数相同，比较标准一致。

（三）点面结合的比较

这是根据调查研究目的的需要，把调查总体范围参数与该范围内调查点的参数进行比较。它既不单纯地着眼于"点"，也不单纯地着眼于"面"，而是通过对比，存同去异，概括点面之间的共同特性。

二、横向比较法

横向比较是根据相似性、共因性原理,取同一时间、同一地点、同一条件、同一层次的区域、行业、部门、经济或文化组织进行比较。如省对省、县对县、企业对企业等。这种比较要求对对方的情况十分了解,任何一方资料有"水分",都将失去比较的意义。一般来讲,比较的项目越细,认识就越透彻。但在实际调查研究活动中,难以得到事无巨细的比较,对此,可进行分类。如对居民收入的调查,取100个居户资料,逐一比较,显然不行。在这种情况下,可把收入分为高、中、低三个类型,然后进行深入比较,这样就大大地简化了手续,而且结论也比较清晰。

纵横比较时,必须注意下列几个问题。

(一) 同类型比较

如两地经济情况比较,只能是产值与产值比,国民收入与国民收入比,而不应把产值同国民收入或利润比。

(二) 同条件比较

忽视外在条件的不同,生拉硬扯地比较也不行。

(三) 同重点比较

密切根据调查研究目的,有重点地进行比较。

(四) 同要素比较

必须注意比较的客观性,不能带主观要素,也不能把暂时的或偶然发生的问题作为比较值,而应比较必然的较为稳定的问题。

第六章
提高调查研究的效率

从某种意义上说,调查研究人员应该具有"坐冷板凳"的精神,不应急功近利、急于求成。但是,这并不意味着调查研究不要讲效率,恰恰相反,努力提高调查研究的成效正是每个调查研究人员孜孜以求的工作目标。调查研究高效率,就可以在同样的时间里得出更多的研究成果。也只有高效率,才能保证调查研究成果的时效性。

许多调查研究成果,只是在一定的时间内有价值,如果延误时机,无论调查研究成果多么丰富、多么正确也是无用的。本章将提出一些提高调查研究成效的具体方法,并对这些方法进行阐述和探讨。

第一节 如何理解调研有机整体

调查和研究其实是两个完全不同的概念。调查主要是了解

调查研究

情况，收集资料，掌握纷繁杂乱的现象；研究主要是对资料进行综合、分析、比较、演绎、归纳等。从调查研究的过程来看，总是调查在前，研究在后。但是，如果我们机械地按照这样的程序开展调查研究，既影响调查的深度与质量，也难以提高调研效率。因此，在实际工作中，我们往往是把调查和研究看成一个整体，把它们有机地整合到一起进行，调查提供数据，研究体现结果。

一、在调查阶段注意研究

调查的过程，也是不断研究、不断消化的过程。严格地讲，在选题时，研究工作就开始了。为了选准题目，我们要对众多的问题进行分析、综合，在此基础上，抓住最有价值、最有条件进行调查研究的题目，这就是研究的开始，也是研究的原点。在调查的过程中，注意研究的必要性和重要性更是显而易见的。

（一）修正调查方向

许多时候，我们确定的选题往往不完全符合实际情况，因为事前调查研究提纲的设计往往带有很大的主观因素，或者在调查过程中发现了意外的情况，这就需要及时地加以分析研究，根据实际情况调整调查的重点，修正调查的方向。如果我们在调查的过程中，不注意这一点，只顾一个劲儿地调查，盲目的调查，就有可能走入歧途，或者许多该搜集的材料没有搜集到，或者不需要的材料又搜集了一大堆。这样，就不得不再回过头来进行调查，不但把时间耽误了，而且效果也很难达到。如果在调查的过程中，及时地注意分析研究，在大的方向上就不会出偏差，该搜集的主要材料也就不会漏掉了。

（二）注重调查效率

在调查中，由于被调查者的文化素质的不同，以及与调研选题的背景或关系的不同，不可能按照调查的需要，抓住重点说明问题，不少人不可能很有条理地介绍情况和回答问题。他们有的漫无边际，滔滔不绝；有的津津乐道芝麻小事；有的避重就轻，躲躲闪闪。调查研究人员必须随时对这些调查材料进行分析，梳理杂乱无章的素材，判断信度，捕捉关键，根据调查研究设计进行引导，注重调查效率，使调查有的放矢，少走弯路。

（三）提升调查质量

调查的质量往往体现在研究成果方面，一项调查研究成果不能被领导决策利用，或者研究成果形成后不能很好地转化应用，多数情况下是调查的质量不高。调查时前期工作不够深入，中期调查不够具体，后期研究不深不透，研究成果浅显粗疏，这些都是调查质量不高的具体体现，在现实调查中必须加以纠正。

二、在研究阶段注意补充调查

同样，进入研究阶段后，调查仍应继续。因为我们的认识不可能一次完成，按照事先设想的提纲开展调查，难免有的地方出现漏洞和疏忽。这些有的可以在调查过程中通过及时整理分析去掌握，但有的只能在研究阶段才会逐步发现。所以，研究阶段的补充调查几乎是调查研究中不可缺少的一环。

调查研究

(一) 研究和调查并举

在调查时，人们往往被众多的材料所迷惑，宏观把握比较困难。另外，调研的思路也不可能在一开始就非常清晰，一般是只有一个朦胧的总体设想，调查中凡是与此有关的材料都收集，只有到研究阶段才可能通过分析调查素材，高屋建瓴地把握选题，将主题凝聚到一个点上。这时进行再调查，拾遗补缺，有利于研究趋于完善。

(二) 带着问题进行调查

研究工作初步告成之后进行调查，这种调查是带着研究中遇到的问题去调查。这类调查可以增加调查的深度和广度，对研究成果进行冷处理，弥补研究工作中的不足。这种方法一般对大选题的研究比较适用。

(三) 选定补充调查方向

补充调查是对前期调查中未解决的问题，进行二次资料的收集和补充，目的是查漏补缺，丰富和完善掌握的第一手资料，为研究的不断深入服务。因此，选定补充调查的方向格外重要，方向选定后就能明确我们需要什么以及怎么进行补充调查工作。

第二节　调研中集约生产的应用

集约生产，原本指的是在同一土地面积中投入较多的生产资料和劳动，进行深耕细作，用提高单位面积产量来增加产品产量的方法。在调查研究工作中，也用得着集约生产的办法。

所谓调查研究的集约生产,就是指在一定的调查范围和时间内,通过投入较多的劳动力,产出更多的调查研究成果。

一、调研的中间产品

同工业新产品一样,许多调查研究成果往往也有最终产品和中间产品之分。所谓调查研究的最终产品,就是按照事先确定的选题,通过调查研究,最后形成的调研报告或其他调查研究材料。所谓调查研究的中间产品,就是组装最终产品的零部件。

(一)重视利用中间产品

通过调查研究,最后形成了一个有情况、有分析、有建议的关于搞活大企业的调查研究报告,这就是最终产品。如果是在进行搞活大企业这个题目的调查研究当中,就某个方面或某个层次的问题形成的调查研究报告,如关于大企业缺乏活力的情况报告、大企业不活的原因分析等,都可以称之为调查研究的中间产品。中间产品不是绝对的,而是相对而言的,在某种条件下,它为主体配套,这时为中间产品,而在另一种条件下,它本身又是最终产品。例如电机,在电机厂它是最终产品,但在发电厂、鼓风机厂,它只是发电厂众多部件产品中的一个,或者是鼓风机的一个部件,属于中间产品。

(二)加工现有中间产品

在调查研究中,许多同志都极为重视最终产品,而对中间产品则不大注意,把很多有价值而又不需要另外再花费很多劳动就可以开发出来的东西丢掉了。其实,许多中间产品除了为最终产品服务外,本身也能转化成最终产品,这是一种投入少、产出大、见效快的工作。通过对中间产品的深加工,使之独立成篇、自成体系。如某研究单位,对怎样搞活大企业的问题进行了广泛深入的调查,搜集了一批第一手资料,形成了一些新颖的观点,在此基础上撰写出一个总体研究报告。但是由于受到篇幅和体例的限制,有些新的观点难以展开。为此,他们对中间产品进行挖掘,撰写出《企业改革的创新思路:确立二级机构法人地位》一文,文章充分地论证了确立二级机构法人地位在理论和实践上的合理性,既具有独立性,同时又是对总体研究报告一个很有价值的补充。在正确处理轻重、主次的前提下,注意开发中间产品,不仅增加了调查研究成果,而且对搞好主体调研报告(最终产品)也是十分有利的,因为它实际上是对主体报告的某一个或几个部分做了更深入的研究和提炼。

(三)系统整理中间产品

通过对中间产品的系统整理,使它成为最终产品的辅助部分和分支。比如,全国干部培训教材编审指导委员会组织编写的《加快转变经济发展方式》一书中,就从我国经济发展面临的机遇和挑战、加快形成新的经济发展方式、全面深化经济体制改革、实施创新驱动发展战略、积极扩大国内有效需求、推动产业结构优化升级、促进区域协调发展、积极稳妥地扎实推进新型城镇化、推动城乡发展一体化、全面提升开放型经济水平等十个方面,作为中间产品进行论述,把加快转变经济发展方式这个最终产品进行了有效阐述。

由此可见,有效地利用调查研究的中间产品是大有文章可做的。

二、调研的综合利用

所谓调查研究中的综合利用，就是用已有的材料，生产出更多的新产品，取得更大的效益。调查研究产品的生产，也有个综合利用的问题。

(一) 调研副产品的概念

在调查研究中，形成一些副产品，这是综合利用调查研究材料的主要形式。所谓调查研究的副产品，是指调查研究某一选题时，附带产生的另一选题成果。它与中间产品不同，中间产品是转化成最终产品时的有机组成部分。而副产品常常与主导产品无关，或联系得不够紧密。但副产品与主导产品也是可以互相转化的，一旦副产品的作用超过主导产品，那么主、副的地位就会发生变化。

(二) 调研副产品的产生

调查研究中的副产品往往是偶然产生的，但几乎每个调查中都会存在价值不一的副产品素材，只是这些素材大多是一晃而过，有的调查研究人员没有注意题外的问题，而丢掉了很多有价值的副产品。开发调查研究副产品，可以达到一石二鸟、一箭双雕的效果，是调查研究人员提高产量的一条有效途径。

开发调查研究副产品，要求调查研究人员时时留意、反应灵敏、判断力强。2018年年初，某调查研究的同志了解到某小商品市场夜市无人管理、无证商贩以次充好进行欺诈的现象较严重。一天，他们夜访该市场，准备就夜市管理的问题做调查。

调查研究

在调查过程中,一位无证经营棉拖鞋的青年妇女,一边大声吆喝,一边大骂不公,这种现象引起了他们的注意。于是,他们停下来与这位青年妇女拉家常,了解到她是附近一家亏损企业的职工,因为单位不景气,生活无保障,只好晚上来该小商品市场无证经营。她理直气壮地说:"我上有老,下有小,企业管不了,不能等着饿死呀!"这件事使他们马上联想到其他的亏损企业,联想到亏损企业中的双职工和新族群,又联想到其他企业推行的化解产能过剩的政策,感到这个问题尽管涉及面不大,但产生的社会影响很大。为此,他们在做好夜市管理文章的同时,继续调查了几家亏损企业,开发出副产品——对化解产能过剩问题的研究,并向市有关领导做了详细汇报。

第三节 调研中坚持常备不懈

调查研究工作,经常是"打一枪换一个地方"。特别是近年来,改革进入"深水区",新情况、新问题层出不穷。因此,如何尽快地发现这些新情况、新问题,抓住了选题之后,又能尽快进入角色,这是调查研究人员实现高效化的一大基本法则。

一、要有主心骨

无论是新同志,还是有丰富阅历的老同志,仅凭自己有的知识是难以胜任工作的,必须在调查研究实践中不断学习、不断积累,有主心骨,做有心人。

(一) 注意政策学习

随着新情况、新事物的不断涌现，新的政策不断出台，如果我们不能及时而熟练地掌握有关新政策，就会产生一系列的矛盾问题；或者用老政策来限制新事物的发展，或者提出与新政策相悖的意见和建议，或者费九牛二虎之力提出的问题是新政策已经解决的事情。总之，缺乏政策的修养与积累，会使我们的调查研究工作走许多弯路。

(二) 注意理论修养

调查研究人员没有深厚的理论修养不行，理论修养最主要的是马克思主义，这是从事各项调查研究工作的"定盘心"。同时，要了解经济的、政治的、文化的各方面理论的发展前沿。

(三) 注意资料积累

调查研究人员往往能接触很丰富的资料，既有全国性的有关新动态、新经验、新思潮，也有基层活生生的事例和翔实的数据，但是有些同志不注重利用这个优越的条件，不乐于学习，不习惯积累，不善于积累。他们只注意手中选题的有关资料，而不理睬其他选题的资料，或者资料用过即扔掉。而一旦新选题来临，则临渴掘井，到处找资料，使工作处处被动。当然，调查研究部门的资料积累应该由专门的机构和人员负责，但同时每个调查研究人员也应积极建立自己的资料库，这是搞好调查研究工作的重要一环。

总之，平时有意识地注意政策、理论、资料的收集和整理，这是促进调查研究工作高效化的重要基础。

二、处处皆留心

一个称职的调查研究人员，只有不断地主动地提出问题，并能提供几个可供选择的方案，才算得上一个称职的调查研究人员，而不能按部就班，交一件事、办一件事。因此，我们主张调查研究人员应该是一个有心人，处处留心皆学问，每遇大事小事都要留意，从人们容易疏忽的纷繁复杂的现象中提出问题，探索本质。调查研究人员不能是生活的旁观者，而应该有面向实际、关心群众的强烈责任感，调查研究人员在从事某项选题的调查研究时，会听到、看到许多与主题有关或无关的情况，一旦发现值得注意的问题，不能无动于衷。调查研究人员还要经常关心全局，提高调查研究工作的预见性，了解和关心全国、全市经济、政治、建设、改革的全局动向，往往可能预测即将到来的调查研究任务，可提前做必要的准备。

（一）留心新闻报道

报纸、电台、电视台、互联网、自媒体是信息容量最大、传播速度最快的新闻媒介。尤其是我国的报纸、电台与西方国家不完全相同，它们所发出的新闻，有许多东西代表着一种趋势，或暗示着一种主流，调查研究人员应该对报纸、电台和网络的消息十分敏感，并有针对性地作出快速反应。

（二）留意日常言谈

在我们的周围天天发生着无数的小事，天天都会有人发表议论，这些司空见惯的事情往往最容易被忽视，也往往隐藏着丰富的信息，或表达着某种事物发生和发展态势，只要平时留心留意，有时日常言谈中也可以发现选题。

（三）注意突发事件

各级机关的工作范围内都会有一些突发的事情发生，如火灾突发、某商品由俏转滞等。就有关调查研究部门而言，如果夏天突然连续不停地降大雨，那么，调查研究人员则应了解防汛的有关问题；冬天突降大雪，调查研究人员则应马上注意交通和城市蔬菜、水果供应等问题，及时反映情况，提出对策。

从某种意义而言，一个成熟、老练的调查研究人员是没有休息日的，他会时刻处于"备战"状况，每日每时都在捕捉战机，寻找选题。

第七章
调查研究报告写作

写好调查研究报告是一项技术活,需要很多方面的能力和基础,不是一两天就可以做到的。只要努力,真的做了大量深入的调查研究工作,有丰富的内容、有正确的观点、有独特的见解、有解决问题的有效办法,就能写出一篇好的调查研究报告。

因此,撰写调查研究报告以深入全面地掌握工作情况,提出问题,为工作出主意、想办法,促进工作为主要目的,提高文字表达能力还仅仅是次要目的。

第一节 关于调查研究报告的撰写

调查研究报告完成得好坏,直接关系到调查研究的成败与质量的高低。如何撰写调查研究报告,不是纯理论问题,而是操作性、实践性问题。

一、把握调查研究报告的特点

调查研究报告作为一种真实反映调查研究情况的书面报告，有单一固定的名称，其用途十分广泛和普遍，是一种特别常用的文体。

它具有以下五个特点。

（一）真实性

调查研究报告的真实性，就是一切以事实说话，这是调查研究报告撰写最基本的手法。客观事实是调查研究报告赖以存在的基础，真实性是调查研究报告最基本的特点。

（二）针对性

调查研究报告强调的是目的明确，措施具体，有的放矢。没有针对性的调查研究报告是不存在的，也是没有意义的。

（三）平实性

调查研究报告要求内容平实、实事求是，其实用价值首先要事实清楚、内容真实可信；另一方面，调查研究报告要求语言简洁、文风朴实，不夸张、不修饰，不片面追求文采。

（四）指导性

调查研究报告要求指导性强，具有很强的可操作性，能够积极指导工作，为领导科学决策提供依据。

（五）时效性

调查研究报告要求能及时反映人们的现实需要，回答人们的普遍关切。否则，时过境迁，缺乏时效性，就会失去应有的价值。

二、掌握调查研究报告的类型

根据性质不同，调查研究报告可以分为两大类，一类是普通调查研究报告，另一类是学术调查研究报告。

(一) 普通调查研究报告

1. 按照文体的特点，大体可以划分为描述式调查研究报告、论说式调查研究报告、合一式调查研究报告。描述式调查研究报告侧重于客观叙述调查研究的过程和调查研究得来的具体情况，即不用笔墨于议论，强调使受众对调查研究对象产生深刻而深远的影响，从而形成正确的看法。论说式调查研究报告则偏重于对调查研究材料的分析论证，理论色彩比较强，能够引导读者思考了解调查研究对象的性质和意义。合一式调查研究报告是上述两种调查研究报告的结合体、复合体。绝大多数调查研究报告属于合一式调查研究报告。

2. 按照调查研究范围和调查研究方式，大致可以分为全面调查研究报告（适用于普查类型）、专题调查研究报告（针对专门的问题）、典型调查研究报告（以典型单位为样本撰写的调查研究报告）。

3. 按照调查研究报告的目的、作用、内容，大致可以分为情况调查研究报告、事件调查研究报告、经验调查研究报告、问题调查研究报告和对策调查研究报告等。

(二) 学术调查研究报告

学术调查研究报告指的是毕业论文或者要发表在国内外期刊上的研究论文。虽然格式要求上有所不同，但内容上的要求基本一致。

有了足够的材料积累，并收集、分析数据进行认真判断之后，就是正式撰写学术报告与论文的时候。虽然说文无定法，但多数学术报告与论文一般应遵循一个相对固定的报告格式。

学术调查研究报告写作的主要内容如下。

1. 导语部分

一是介绍研究的问题。研究的是什么问题，为什么选择这个问题来研究，研究问题的一般来源和背景知识等。二是引用有关文献。前人对研究的问题做了哪些工作，前人采取了哪些研究方法，取得了哪些研究成果，已有成果还存在什么不足等。三是对自己研究的相关介绍，自己研究的构想和基本框架。比如，研究的问题有哪些，准备怎么检验等。

总之，通过导语部分描述，读者可以清晰地了解你所研究的问题，并了解前人在这方面所取得的研究成果，还存在哪些不足；你打算怎样进行研究，希望达到什么目的。当读者了解了上述内容后，就能沿着你的思路继续深入下去。

2. 研究方法

在学术调查研究报告中，研究方法十分重要，这也是学术调查研究报告有别于普通调查研究报告的重要标志。因为，只有知道了你所采取的研究方法，明白了你的研究步骤，读者才能评价你的研究成果处于什么学术位置。

一般来说，大多数学术调查研究报告的研究方法主要有以下内容。

（1）调查方式。调查是怎样进行的，具体时间、地点，调查工作的组织以及调查人员的培训。

（2）调查对象。调查总体的情况陈述，调查的样本、抽样方法和抽样程序。

（3）主要变量说明。具体指标陈述、具体的计分方法以及计算方法。

（4）收集资料过程说明。自填式问卷方法，如何发放、收回问卷，回收率、有效回收率等；结构性访谈方法，调查人员的组成结构，如何进行访问，怎么进行培训等。

（5）对资料的分析说明。采用了哪些方法、程序和工具，在实际调查中，定性分析、定量分析、描述分析、相关分析和因果分析是如何实现的。

3. 结果部分

结果部分的撰写方法是：先总体，后个别；先一般，后具体。即先给出基本的结论，然后再陈述更小结论。一个方面的结论陈述完毕后，进行简要小结，再开始下一个方面内容的陈述。在结论的表达上，要做到层次分明、条理清晰。

4. 讨论部分

讨论部分主要是告诉读者研究掌握了什么。开头以明确的陈述说明研究的假设是否证实，或者明确地回答导语部分提出的问题。但要注意，不能简单地陈述已有结论。讨论部分不宜写得太长，点到即可。

5. 小结部分

对前面四个部分内容，做一个提纲挈领的总结。但是，目前许多专业刊物上发表的学术调查研究报告常常以摘要来代替小结。摘要与小结不同的是，它不是放在报告的结尾，而是放在报告的最开头，并且是单独作为一个部分与原报告隔开。

6. 参考文献

与普通调查研究报告不同，学术调查研究报告通常要在报告的末尾列出参考书目，这些书目是研究者在从事这项研究过程中所阅读、评论、引证过的文献。

7. 附录部分

将研究细节的资料编排在一起，作为正文的补充。

三、认清调查研究报告的结构

调查研究报告的结构不是固定的、一成不变的，形式可以多种多样。通常是根据调查研究报告所要体现主题的需要，选择恰当的格式。常见调查研究报告的结构包括标题、署名、导语、正文、结尾等五个部分。

（一）标题

有单行标题和双行标题两种。单行标题，就是用一句话拟一个标题，一般有两种写法：一种是公文式标题，构成形式为"事由+文种"，如《××省中小学生减负调查研究报告》；另一种是文章式标题，须概括报告的主题、观点或主要内容，前者如《机关企事业单位人事制度改革面临的问题及对策》，中者如《大学生就业难题值得关注》，后者如《乡村经济》。双行标题，即用两行、两句话表述同一主题的标题，分正标题和副标题。正标题一般采用文章式标题，揭示报告的中心思想，应追求新颖、富有文采和引人注目；副标题一般采用公文式标题，说明报告的时空范围、内容和文种。例如,《不看不知道,一看吓一跳——××省临时机构调查研究报告》。此外,正、副标题不能倒置,不能重复。

(二) 署名

在调查研究报告标题之下,要有署名,其主要内容是:调查研究参与者和调查研究报告编写者的名称,既可以是个人署名,也可以是集体署名,旨在明确调查研究报告的责任和知识产权归属等。

(三) 导语

也称导言或前言。这部分内容位于调查研究报告正文的开头位置,是调查研究报告的"纲",主要阐明文章的主旨。导语是用一段简明扼要的文字概括调查研究的起因、目的、意义,调查对象、范围,主要调查方式、手段和经过,以及调查研究报告的基本观点、主要内容等。

(四) 正文 (主体)

正文是调查研究报告的核心内容和主干部分,主要用于陈述情况、列举调查材料以及进行分析论证。主要内容包括:提出问题,引出观点,阐明全部有关论据,说明与之相联系的各种分析研究方法。基本结构有三种:横式结构、纵式结构和交叉结构。横式结构,即按照事物各组成部分或事物的不同性质、特点分类来安排内容的布局,其特点是把报告主体横向展开成并列的若干部分,以便更好地反映事物自身的性质和特点。纵式结构,即按照事物发展阶段和逻辑顺序来安排内容,进行谋篇布局,其特点是把报告主体纵向展开成若干部分,使各部分按照相互顺序自然衔接，或以调查过程为顺序，或以时间为顺序，或以事物发展经过为顺序，认真进行阐述。交叉结构，是前面两种方式的结合体，往往以其中一种为主，另一种为辅。采用交叉式结构最为常见。

（五）结尾

也叫结语，是调查研究报告的结束部分。大致可以分为总结性结尾、建议性结尾、预测性结尾、补充性结尾等。调查研究报告结尾总的要求是简洁、准确、概括、有力。

四、重视调查研究报告的格式

不同种类的调查研究报告，其调查研究报告格式大致相同，但由于强调的重点和要求不同，因此每种调查研究报告格式也有一定的区别。下面，对几种常用调查研究报告格式分别作一些简要介绍。

（一）反映情况的格式

这类调查研究报告格式，主要用于反映某一地区、某一领域或某一事物的基本面貌，目的在于报告全面的情况，为决策者制定方针政策、规定任务、采取措施提供决策依据和参考。这类调查研究报告格式常用于向上级，如党委、人大、政府和政协机关报告工作，以及部门和单位领导下基层了解面上情况后所写的调查研究报告。

（二）总结经验的格式

这类调查研究报告格式，主要用于对先进典型进行深入调查分析后，提炼出成功经验和有效措施，以指导和推动面上的工作。因此，这类调查研究报告格式写法主要包括基本情况、突出成绩、具体做法、主要体会等。在行文的语气上，经验调查研究报告格式与经验总结不同。经验总结用第一人称，行文语气必须谦虚；而调查研究报告则用第三人称，可以热情赞扬，以促进经验的推广。

(三) 客观评价的格式

这类调查研究报告格式，主要是用于报告和评价新生事物，帮助人们提高对新生事物的认识。新生事物往往代表着事物的发展趋势，因此，在写作这类调查研究报告时要抱着满腔热情的态度给予充分肯定和积极支持。由于新生事物处于不断发展和完善的过程中，往往不够成熟，甚至存在某些弱点和不足，所以，一定要如实地指出它需要进一步完善的地方和可能带来的新问题，以便进一步改进和完善。

(四) 揭露问题的格式

这类调查研究报告格式，又可细分为两种：一种是为了研究解决工作中存在的缺点和问题，以及不良倾向等而撰写的调查研究报告，其目的在于揭示问题、反映情况，而不在于追究责任者。另一种是为了处理违法乱纪事件或严重事故等而撰写的调查研究报告，这一类调查研究报告不仅要以确凿的事实分清是非，而且要弄清性质、分清责任，提出解决和处理的具体意见。

(五) 考察史实的格式

这类调查研究报告格式，通常是用于对某一历史现象或某一历史事件进行重新调查，用确凿的事实揭示历史真相，作出正确的评价，以还历史的本来面目。例如，为平反历史冤假错案所写的调查研究报告，就属于这种调研报告格式。这类调研报告的政策性和针对性较强，反映的事件往往也比较复杂。这类调研报告格式上，正文的内容一般包括三个方面：一是事实的本来面目；二是被歪曲的情况；三是纠正和处理的意见。

（六）研究探讨的格式

这类调查研究报告格式，主要用于研究探讨某项政策或工作，以统一认识，提出解决问题的办法。当然，也可以用于在作出某项决策之前，进行可行性调查研究，这类调查研究报告格式的特点是具有较强的探索性和论证性。这类调查研究报告的写作虽然取材广泛，但总是针对某个现实问题，或者紧紧围绕党委与政府的中心工作展开，通过调查研究和分析大量系统的材料，探索解决问题的办法和途径，有时还要与不同的意见展开商榷和争鸣。此外，由于调查研究报告的目的是探讨解决问题，所以应采取平和的、商榷的语气，切忌冷嘲热讽。

（七）调查附记的格式

调查附记又称为调查后记，虽然也是一种文体，但没有独立性，在调查研究报告格式上，它依附于原件而存在。在有些情况下，如果知情者所提供的材料比较具体实在，并能充分说明问题，这时便以原件为主，在原件后附上调查附记或后记，起证明情况的作用。一般调查研究报告的格式附记都比较简短。在写法上，往往首先是对原件所反映的问题表示明确的看法，并说明经过调查原件完全属实或基本属实等；接着可以就其中某一关键问题作补充说明或有所强调。因此，附记的结束语应针对不同的情况采用不同的写法。

第二节 调查研究报告的写作过程

调查研究报告的写作过程是对调查研究情况总结、加工的过程。它不是写理论文章,更不是搞文艺创作,它的性质和功能决定了它必须尽可能客观地、真实地反映实际情况。因此,在写作过程中必须深思熟虑,按照它的写作程序一步一步地走下去,不可贪图捷径。

一、整理与分析素材

调查研究人员在调查的过程中,根据调查对象的谈话,做了详细的记录,搜集了大量的资料,动手写作之前,应当把记录的素材做一番整理,把调查所得的各种数据、各种情况、各种事例、各种问题和见解等,围绕调查研究主题进行归纳、比较,分析其区别与联系,确定某些情况和问题的轻重主次,把重点的素材加工整理出来,便于撰写时随手选取;把一些重要的但不完整的素材清理出来,作适当的补充调查。整理素材最好采取逐日调查、逐日整理的办法,不要等到调查结束了,素材成堆以后再来整理。

因此,整理与分析素材要注意以下几点。

(一)把握主题

无论什么样的材料,都建议大家把握好主题,也就是先跟紧当前形势，吃透领导意图，把握主旨遵循，这是确保材料不虚、不偏、不浅的前提条件。

（二）收集整理

这是工作量最大的环节，要处理好设计与收集的关系，就是要边收集材料边整理当初的设想，并以此为纲把调查研究中收集的材料分门别类地整理好。需要重点收集整理的主要材料有总体概况、主要案例、相关数据、群众反映、突出问题等。

（三）分析提炼

就是要对原汁原味的素材进行分析提炼升华，对共性的做法、普遍的问题等要能够分析提炼成研究成果或矛盾不足，这样的调查研究报告才能源于生活、高于生活。

二、拟定写作提纲

拟定提纲，也叫安排结构，这在调查研究报告的写作过程中是十分重要的一个步骤。结构安排得妥当，"架子"搭得好，调查研究报告就显得脉络清晰、层次分明、井然有序。反之，如果撰写者信马由缰，想到哪里写到哪里，调查研究报告就会颠三倒四、杂乱无章，使人读后如坠云雾之中，不得要领。制定提纲必须紧扣主题，服从调查研究报告主旨，层层递进，前后贯通。它首先在于把调查的材料研究清楚，把主要的观点悟出来，这是调查研究报告的"魂"。调查研究报告的主要观点悟出来了，"魂"清楚了，然后按照这个主要观点，再列出若干个环环紧扣的小标题，前后形成严密的内在逻辑联系，给读者以完整的、清晰的印象。

因此，拟定写作提纲应注意以下几点。

（一）要比例分配恰当

拟定写作提纲之前，要先看看各部分的叙事比例分配是否恰当，篇幅的长短是否适中，每一部分能否为中心论点服务。

（二）要决定材料取舍

把与主题无关或关系不大的材料毫不可惜地舍弃，尽管这些材料是煞费苦心费了不少功夫搜集来的。有所失，才能有所得。一块毛料寸寸宝贵，舍不得剪裁，也就缝制不成合身的衣服。为了成衣需要，必须剪裁掉不需要的部分。所以，我们必须时刻牢记材料只是为形成自己调查研究报告的论点服务的，离开了这一点，无论是多少好的材料都必须舍得抛弃。

（三）要考虑逻辑关系

初学撰写调查研究报告的人时常会犯这样的毛病，主要是：论点和论据没有必然联系，有的只限于反复阐述论点，而缺乏切实有力的论据；有的材料一大堆，论点不明确；有的各部分之间没有形成有机的逻辑关系。这样的调查研究报告都是不合乎要求的，也是没有说服力的。为了调查研究报告有针对性和说服力，必须有虚有实，有论点有论证，理论和实践相结合，论证过程有严密的逻辑性。拟写提纲时特别要注意这一点，更要检查这一点。

三、写作与修改初稿

提纲制定以后，便可正式动手写作了。调查研究报告的写作最好"趁热打铁"，一气呵成。这不仅因为调查研究报告有较强的时效性，而且也因为及时写作，对调查的材料印象深刻，不易淡忘。撰写时可由一个人执笔，也可由几个人按"敲定"的提纲分头去写，但最后必须由一个人统稿，以便保持前后连贯，避免重复。

初稿写成以后，文字修改十分重要。文章不厌千回改。调查研究报告经过认真细致的修改，可以更加完善、更加精辟。调查研究报告的修改主要有三个方面的工作。

（一）增补内容

在调查研究报告的起草过程中，由于各方面的原因，难免会出现疏漏现象，因此，初稿写成之后，撰写者或者统稿者应当认真地检查自己的"半成品"，看还有哪些内容写丢掉了，特别是一些能够说明问题的、典型的、生动的事例切不可丢弃。如果某一些方面的内容还不够丰富，就需要有目的地做些补充调查，以增补报告的内容。只有这样，报告才能变得充实和丰富起来。

（二）删繁就简

与增补内容相反，初稿写成之后，撰写者应当把繁复、累赘的内容、文字，包括可有可无的字、名、段统统删掉，尽量使文字表达简洁、明确。

（三）检验观点

这是一项比文字修改更为重要的工作。初稿写成以后，对调查研究报告中所表明的观点要反复推敲，看是否符合党的方针、政策，是否符合当前和今后一个时期的实际情况，内容和观点是否全面准确。

四、讨论审查定稿

无论是一个人执笔，还是几个人分头执笔，初稿要经过参与调查活动的人员集体讨论，提出修改和补充意见，再作修改后送领导审查定稿。有的调查研究报告还可能要提交被调查单位或其主管部门讨论审阅，核对事实是否有误。

（一）审查的必要性

调研报告形成以后，对稿件进行讨论和审查是必要的，可以保证观点、论据、论证、结论的准确与规范。

（二）材料的可靠性

材料的可靠性是调查研究报告真实性的基础，离开了材料的可靠性，调查研究报告撰写内容将受到质疑，调查研究报告对领导科学决策的质量也将会下降。

（三）观点的正确性

观点的正确性是调查研究报告的"生命线"。调查研究报告观点不正确、内容不可靠都应该是调查研究不深、不透造成的。

（四）内容的指导性

调查研究报告的内容是建立在实事求是的基础上的，离开了实事求是，内容的指导性将成为"无本之木、无源之水"。只有内容具有指导性，其报告才会被深入推广。

第三节 调查研究报告的写作要求

调查研究报告以真实地反映社会生活，有力地促进社会发展为目的。它像一面时代的镜子，从各个不同侧面反映社会生活各个领域中的客观情况和存在的现实问题，为决策者提供改进工作的咨询性意见和制定政策的科学依据。调查研究报告有别于其他的文章体裁，有着其自身独特的规律性。因此，对于它的写作也有着其特殊的要求。

一、精心提炼主题

主题是调查研究报告的灵魂，是作者在叙述事件、反映问题、分析评价时所表现出来的基本观点或中心思想。一篇调查研究报告质量的高低、作用的好坏、影响力的大小固然与材料积累程度和文字表达能力有着很大的关系，但是最关键的是主题的提炼和确定。"譬如北辰，居其所而众星拱之。"（见《论语·为政》），说的是，主题就好比北极星，所有的星星都拱卫着它。主题是否有价值，能否引起人们的重视，对调查研究报告的成败有着决定性作用。如果主题提炼不好，调查研究报告就是一盘散沙，很难成为好的报告。

提炼主题，需要注意以下几点。

（一）要抓住本质

就是要高屋建瓴，透过现象看本质，还原事物本来的面貌。

通过调查，调查研究人员从纷繁复杂的现象中获取了大量的、丰富的第一手材料，它们是提炼主题不可缺少的基础，如同矿石为冶炼提供了丰富的原料一样。但是作者应当去粗取精、去伪存真、由表及里、由此及彼，提炼出最能反映事物本质的主题，从而揭示出客观事物所包含的深刻的社会意义。有些反映社会阴暗面的，揭露性的调查研究报告，也要客观地分析问题的性质和产生的原因，化消极因素为积极因素，从而捕捉出积极的主题来。

（二）要立意新颖

撰写调查研究报告不同于撰写文史资料，它的目的在于回答、褒扬或披露现实生活中发生的各种情况和问题，起到促进或催化事物发展的作用。因此，调查研究报告的主题必须具有强烈的针对性和时代感，应当像革命导师列宁指出的"要选政治上重要的、为大众所注意的、涉及最迫切问题的主题"。要有新的"口子"、新的角度、新的思想、新的方法、新的典型，才会给人以新的教育和启发；那些过时的、陈腐的主题是不会引起人们的兴趣和关注的。

（三）要高度集中

一篇专题性的调查研究报告，一般只能有一个主题。撰写者不能在一篇报告里把调查的事情都罗列进去，什么都想说，反而什么都说不清楚。调查研究报告多主题实际上等于是无主题。撰写者只有注意选择那些具有重要社会价值的主题，才能提高报告本身的现实意义。

此外，调查研究报告的主题与题目之间既有因果关系，又有着密切的联系，还有着很大的区别：一是调查研究报告的题目是迫切需要了解和认识的客观事物和问题；主题则是了解实际情况以后所得出的基本结论。二是题目的选择在调查之前必须确定，而且可以由领导指定；主题则是调查者本人经过调查研究后反复提炼、不断开掘的结论，不能人云亦云，不能搞"长官意志"。三是题目的选择是客观实际的需要，然而它是感觉到的东西，属于感性认识；主题则是对事物本质的概括，属于理性认识。因此，我们既要善于选择调查选题，更应注意提炼调查研究报告主题。

二、认真选用材料

素材搜集是写好调查研究报告的基础，素材搜集越多，报告内容也就越丰富。但是，调查中搜集到的素材，哪些该写到报告中去，哪些不写，这就需要按照写作的要求和拟定的提纲进行筛选。如果有了原始素材，不加选择地、一股脑地全部"掷"到调查研究报告中去，那么调查研究报告便成了一个"杂货铺"。茅盾在《有意为之》的文章中说："采集之时，贪多务得，要跟奸商一般，只消风闻得何处有门路，有货，便千方百计钻挖，弄到手方肯死心，不管是什么东西，只要是可称为'货'的，便囤积，不厌其多。"但是，"选用的时候，可就要像关卡的税吏似的百般挑剔了；整整的一卡车'货'，全要翻过身来，硬的要敲一敲，软的要捏一把，薄而成片的，还要对着阳光照了又照——一句话，用尽心力，总想找个把柄，便扣下来，不让过卡。"这就形象地说明了取材与选材的辩证关系。那么究竟怎样选择材料呢？笔者认为，应该注意以下几点。

(一) 围绕主题选材

如果说，主题是灵魂，结构是骨架，那么，材料就是血肉，它必须依附于主题。不说明主题的材料是不能用的材料。我们在写作之前和写作之中，必须认真地分析所得的材料，把那些与主题有关的本质材料挑选出来，摒弃那些与主题无关的非本质的、琐碎的材料。有的材料，孤立地去看，可能很生动、很吸引人，但与主题无关，只好"忍痛割爱"，另作他用。

(二) 选取典型材料

与主题有关的材料很多，但不一定都是最有代表性的材料。作者应当从大量的原始材料中挑出最典型的材料。其办法是把同类材料作比较，从中挑出最有代表性、最能反映事物或问题本质，也就是最有说服力的材料。例如，在反映某些行贿受贿的案件材料中，什么是最典型的呢？自然是那些数额巨大、手段狡诈的大案要案，因为它要比普通的案件更为严重。

(三) 点面结合选材

调查研究报告既要有"面"上材料，也要有"点"上材料。面上材料有助于量的分析，说明事物的总体面貌；点上材料有助于质的剖析，说明具体情节，加深对问题的认识。应当把面上材料和点上材料有机地结合起来，从广度和深度的统一上揭示事物的本来面目。

此外，还要处理好现实材料和历史材料、肯定意见和否定意见、实际调查材料和其他参考材料之间的相互关系，尽可能地把材料选得丰富些、具体些、扎实些、生动些。

尤其须注意的是,调查研究报告的主体在于凭事实说话,掺不得半点虚假,它所采用的应该是经过科学处理和认真核实鉴别的材料,没有虚假的、不可靠的、道听途说的成分。特别是出于政府机关调研部门之手的报告,由于更能引起有关领导机关和社会各方的重视和注意,更要注意材料的准确性。材料准确性有几个方面的含义:一是对象要确实。调查谁,是谁讲的,是哪些单位的事情,要求清楚,切忌张冠李戴。二是事例要真实。所采用的典型事例,一定要经过认真核实,道听途说的、不可靠的事例,即使很生动,也千万不要用。三是数字要准确。不能掺任何水分,要真正做到有一说一、有二说二。对于社会调查所取得的材料和数据,调查研究人员要反复地核实查对,以至每件细小事件和每个小问题也不放过。有的重要事实,要找当事人亲自核对,即使在时间十分紧迫的情况下,也要这样做。反复核实情况,可能耽误一些时间,但是这个时间花得值得,花得应该。这样做,可以避免由于调查研究报告失实而造成的不良影响和后果。

三、反复锤炼文字

一篇调查研究报告的内容、主题思想都要通过语言文字去表达。语言文字表达得好坏、优劣直接影响着调查研究报告的质量和效果,因此,必须引起我们高度重视。一般要求我们做到以下几点。

(一) 观点鲜明

一篇好的调查研究报告,作者应该明白地告诉人们,提倡什么、反对什么、表扬什么、批评什么，使人看了一清二楚。有些问题，由于情况尚在发展之中，一时很难定论，应当允许探索，允许同时摆出两种甚至几种不同情况、不同问题、不同观点和意见，让人们在实践中继续思考和检验。但是，不允许含糊其词、模棱两可，使人看了丈二和尚摸不着头脑。

（二）语言朴实

调查研究报告应当给人以朴实严谨、平易近人的感觉。要尽量使用通俗易懂的语言，避免使用"一致认为""普遍反映""大家都表示"等抽象性语言。要着力于叙述事实，不要过多地描绘人、物、景，更不要运用文学创作中的夸张修辞手法，不要追求华丽的辞藻。除了一些专业性很强的调查研究报告外，还要尽量少用专业术语。经验型的调查研究报告，尽量少用诸如"一听、二看、三议、四讲"之类的形式主义的、文字游戏式的概括手法和不能准确反映事物本质的顺口溜，否则容易给人油腔滑调的感觉。

（三）内容简洁

调查研究报告比起一般的文章来讲要长一些，这是由报告自身样式的特点决定的。但是不能因此而容忍报告的文字拖沓冗长，把本来可以用一句话说清的事，啰哩啰嗦地写上一大堆文字。我们应当在充分地反映问题的前提下，尽可能地把文字写得精炼一些，能短则短、能简则简。

调查研究报告的写作，是一项艰苦的脑力劳动。同样的事件，同样的材料，由于作者的思想水平、政策水平、写作水平不同，而产生质量不同的调查研究报告，有的甚至得出截然相反的结论。因此,政府机关的调查研究人员必须在深入调查的同时,认真学习马克思主义的理论,学习党的方针政策,努力加强写作实践,不断提高自己对事物的认识能力和写作功力。只有这样,才能写出好的、无愧于时代的调查研究报告。

第八章
调查研究成果的转化运用

调研成果的运用就是在调查研究、提炼升华、推广经验的基础上，将调查研究结果充分利用，用来解决现实问题或指导工作。调查研究成果的运用，是调查研究活动中的最终阶段，也是调查研究活动中一个重要的环节和调查研究目的的体现。

第一节　调查研究成果的评价

调查研究成果的评价，即对调查研究结果的价值高低进行客观的评定。其目的在于为调查研究成果的运用提供科学依据，也可以为完善调查研究工作起到一种反馈作用。一般来讲，调查研究成果的评价是调查研究活动的最后一道工序。但由于调查研究成果往往需要在运用中得到客观评价，需要经过实践的检验。因此，这项工作又要贯穿于调查研究成果运用的全过程。

一、调查研究成果的评价标准

调查研究成果的价值评定标准通常以调查研究成果的实践效能以及学术价值为主要标准。不同类型的调查研究成果评价的重点也有所不同,以实际应用为主的调查研究成果主要评定实际效能,以理论探索为主要目的的调查研究成果主要评定其学术价值。

(一) 实践效能

所谓实践效能,包括两个层次:一是调查研究成果直接转化为领导科学决策后所产生的社会、经济效益;二是调查研究成果直接对实际工作的指导所产生的社会、经济效益。政府机关的调查研究工作大量是围绕领导科学决策开展的,但并不是所有的调查研究成果都会转化为领导科学决策。事实上,有很多调查研究成果是通过总结新经验、摸索新规律、提出新措施给人们新的启示,开拓新的思路,这些调查研究成果同样具有重要的实践意义。

(二) 学术价值

所谓学术价值,主要指在调查总结实践活动的基础上,能够系统地提出一些新思想、新见解、新理论,这也是评定调查研究成果价值的一条重要标准,特别是随着改革的不断深化和现代化建设的全面发展,对调查研究成果的学术价值要求更迫切,调查研究成果的学术价值与实践效能的关系也更密切,只有对现实问题在理论上研究越深越透,才能制定出切实可行的政策措施,因此,一些学术价值越高的调查研究成果,实践效能就越大。

二、调查研究成果的评价方式

调查研究成果的评价方式大体上有非正式评价与正式评价两大类。

(一) 非正式评价

非正式评价主要指调查研究者自我评价与群众评价。这种评价方式具有随机性、适用性、方便易行的特点，在现有条件下，一般调查研究成果的评价主要采用这种方式。但这种方式由于缺乏严格的定量分析以及科学的定性，往往受调查研究者或部分群众评价标准影响，容易带有一定的倾向性，难免失之偏颇。一些重大的调查研究成果，一般不采用这种评价方式。

(二) 正式评价

正式评价主要指领导部门的评价与权威的学术组织评价。这种方式一般具有客观性、精确性、全面性的特点，可以作出定量分析与定性分析有机结合的客观评价。但客观上往往又受人员、时间的限制，有关领导同志以及专家、学者的精力不可能全部陷入各类调查研究报告的分析评价当中。因此，正式评价主要用于一些重大调查研究成果的评价。

三、调查研究成果的评价方法

调查研究成果的评价方法大体上有直观评价法和综合评价法两类。

(一) 直观评价法

直观评价法是利用专家或集体的经验对调查研究成果进行评价的一种方法。主要是采用会议或函询的形式，征求专家和有关领导、读者的意见，在反复征询意见的基础上进行综合分析、判断。采用这种方法，要尽可能把握好两点：一是参加评价、论证的人员组成要有一定代表性，并比较熟悉评价对象所涉及的领域和专业；二是尽可能地把会议和函询结合起来，更能真实、全面地反映每个人的意见，以提高评价结果的可信度。

(二) 综合评价法

综合评价法是以成果的学术价值、实践效能等为标准进行综合测定与评价。运用这种方法的具体程序是：

1. 编制成果评价变项与评价标准、等级一览表，综合地测定、评价调查研究成果。变项一般包括转化为科学决策的等级水平、对实际工作部门的指导作用、成果的理论水平、成果的社会效益、成果的经济效益等内容。

2. 设计每一变项中的量化指标。不同类型的调查研究成果，各个变项的权重系数不同。以实际运用为主的调查研究报告，一般"转化为科学决策的等级水平"和"对实际工作部门的指导作用"所占的权重系数大一些；而以理论探索为主的调查研究报告，应该是"学术界评价及成果利用、转载等级水平"以及"成果的理论水平"的权重系数大一些。

3. 对各个变项指标进行综合评价，并依据一定的具体运算法则计算，得出最后的综合评价结果。

第二节 调查研究成果的转化应用

调查研究工作，要通过提供准确、详细、超前的信息、资料、典型，使领导作出正确的决策，来推动各项工作。因此，这就决定调查研究成果要尽量转化为领导科学决策。

一、转化为决策的形式

（一）制定政策文件

各级政府的文件，包括条例、规定、决定、决议等，是领导科学决策最重要的表现形式。调查研究成果经有关领导研究后直接转化为文件下发，它是调查研究成果运用最理想的形式和途径。而且随着调查研究与决策紧密结合，这种形式将会更加广泛地被人们所采用。由于通过文件这种形式转化为科学决策的要求比较高，特别需要把握好以下四个重点：

1. 研究的问题具有普遍性。科学决策的一个重要特征，是对全局工作的直接指导性，因而转化为科学决策部门的文件一定是对一个地区、一个系统、一个方面具有倾向性、普遍性的问题，而不是个别的、次要的或非急迫的问题。

2. 研究的问题具有创造性。科学决策是创造性的管理活动，有关文件总是要针对需要解决和需要完成的新任务而发布的，所以要求调查研究成果必须体现一个"新"字。例如，2008年全球金融危机发生后，人力资源和社会保障部党组根据党中央、国务院的指示精神，为稳定当时的经济形势，积极开展全国性的调查研究工作，迅速形成了"五缓、四减、三补贴、两协商"的应对措施，减轻企业负担，稳定就业局势，在全球金融危机状况下发挥了积极作用。

3. 研究的问题具有可行性。各个地方、各个部门新情况、新问题都很多，并不是经过调查研究后都可以立即制定科学决策、形成政策文件的，而只有在理论和实践上都比较成熟的才有可能制定为文件。有些理论上还有分歧、实践上还处于摸索的问题，一般不会马上形成政策文件。因此，调查研究成果要转化为文件，一定要把握好条件是否成熟，是否具有可行性和可操作性。

4. 研究的方案具有可选择性。科学决策的核心内容是择优，即对通向目标的多种途径，进行符合客观规律的合理化抉择，寻求能够获得较大效益的行动方案。调查研究的成果要转化为科学决策文件，一般应提出多种可供选择方案。而且随着决策科学化的发展，这个问题显得尤为重要。过去有些很好的调查研究成果，虽然引起有关领导的重视，但最终没有形成政策文件，转化为领导科学决策，究其原因，很重要的一条是提供的方案单一，当出现几种反对意见时，缺乏选择的余地，最后导致调查研究成果转化的搁浅。

(二) 形成领导讲话

领导同志在一些重要会议上就总结工作、布置任务、提出措施所作的重要讲话，也是实现领导、体现科学决策的重要形式之一。各级政府机关的调查研究部门，一般都承担着为主要负责同志起草讲话稿的任务,这也是运用调查研究成果的一个主要途径和形式。通过为领导起草讲话,将调查研究成果转化为科学决策,突出的特点是容量大。领导讲话不同于政策文件,一般政策文件要求文字精炼简洁,多为指令性语言,讲应该做什么。讲话稿容量大,可以展开讲情况,讲道理,讲具体事例,讲为什么要这样做、不能那样做等,涉及面更广一些,这样调查研究成果转化为领导科学决策的容量也更大一些。

运用这种形式,需要特别注意三个问题:

1. 所运用的调查研究成果,必须紧紧围绕和服务于会议主题以及领导的指导思想,而不是越俎代庖、另搞一套。

2. 所运用的调查研究成果,包括强调推广的典型经验、需要引起高度重视的一些倾向、需要加强的一些措施等,都应该是对全局有指导意义的新情况、新问题,而不是不分轻重缓急的大杂烩。

3. 要善于吸收各有关调查研究部门的一些调研成果,这样才能视野更加开阔,而不是仅仅局限于本部门的几个调查研究成果。

(三) 编发各类刊物

调查研究部门的刊物,不同于社会上公开发行的出版物,从内容上看,主要是围绕政府机关的工作需要,重点是围绕科学决策服务的,以登载文章为主,涉及的领域相对过窄。因而政府机关调查研究部门刊物的作用具有特殊性,集中表现在以下三个方面:

1. 传递信息的载体。随着决策的科学化,信息的作用也越来越突出,它已成为科学决策的重要条件之一。而要将各种信息迅速传递、反映到决策者那里,需要通过一定的载体,刊物则是一种比较普遍被采用的载体和形式。包括登载各类经济动态、思想动态以及其他各方面的新情况、新问题、新见解等。

2. 参政议政的形式。政府机关的调查研究成果不一定都是通过文件和讲话的形式转化为决策,有很多是通过刊物传给领导,直接或间接地转化为决策的。有的成果通过刊物发表后,引起领导重视,经批示或批转,可以直接转化为科学决策;有的则是为领导传递了某种信息,加深了某方面印象,间接地影响决策、服务决策。

3. 研讨问题的阵地。政府机关调查研究部门的一个重要任务就是不断适应发展的新形势,掌握新情况,研究新问题,做些超前性的研究。特别是有很多复杂的、或处在摸索阶段的一些问题,尤其需要听取多方意见,增强科学决策的主动性、预见性。而办好刊物则为研究新情况、新问题提供了一个适宜的论坛和阵地,这也是影响决策、服务决策的一个途径。

刊物的类型主要是根据具体调查研究部门的工作任务、性质以及服务对象来决定的,各调查研究部门工作任务、性质的差异性,决定了刊物的类型的多样化。

按刊物的专业性质,可分为动态性刊物、研讨性刊物以及综合性刊物。动态性刊物主要以反映情况、动态、信息为主;研讨性刊物主要以研究探讨问题为主,侧重刊载调查研究报告、论文等方面的文章;综合性刊物集信息、动态、研讨等各种内容为一体,这方面刊物一般篇幅、容量都比较大。

按刊物的形式，可分为定期刊物和不定期刊物。由于调查研究部门的工作主要是为各级政府机关服务，比较注意时效性，所以大量以不定期刊物为主。但有的调查研究部门力量、资金比较强，也兼办一些定期刊物，如一月一期的定期刊物。

按刊物的发放范围，可分为一般性刊物和特殊性刊物。一般性刊物发放范围比较广，既为领导提供有关信息，又为基层单位提供经验或带指导性的意见。特殊性刊物一般指发放范围非常窄、只供有关领导参阅的刊物，以反映一些重要问题、内部情况为主。

刊物作为各级政府调查研究部门参政议政、服务决策的基本阵地和形式，但并不等于说刊物办得越多越好。各调查研究部门的重点要放在提高刊物的质量和信誉上，不是以刊物的多少，而是以刊物的知名度和对科学决策的影响力作为评判的标准。

（四）当面进行陈述

即通过口述，直接向领导传递信息、反映情况、提出意见建议。既可以专门约定时间、明确专题，向领导作正式汇报；也可以利用各种机会，包括随同领导调查研究途中、会议间隙期间，以及吃饭、路遇等场合，向领导作简洁的汇报。通过各种渠道向领导面陈，也是运用调查研究成果、服务科学决策的有效形式。与前三种形式相比，这种形式具有直接、迅速、简便的特点。一般各级调查研究部门离领导较近，接触机会较多，运用这种形式比较方便。

如何提高面陈的效果，在具体实践中需要把握好以下三点：

1. 对路。即面陈的问题一定是领导十分关心的问题，有新鲜感，有典型意义，能很快引起领导注意、重视，打下烙印，不至于一闪而过。

2. 适时。即要把握好面陈的时机，领导正忙时，硬插进去，领导往往无暇顾及，效果反而不好。

3. 简洁。即面陈问题时尽可能地抓住要害，不罗列一般性现象，不讲一些抽象概念，由于面陈的时间有限，这一点尤为重要。

二、转化为决策的技巧

将调查研究成果转化为领导科学决策，使调查研究成果的价值最大限度地实现，除了努力提高调查研究成果的质量外，同时也有一个正确的转化技巧问题。

（一）选择对象

调查研究成果要做到"适销对路"，主要取决于调查研究成果的内容，但也不可忽略选准调查研究成果所服务的对象。

1. 要以选题提出者为第一服务对象。各级调查研究部门有不少选题是领导直接提出来的，往往是领导已经关心而又没有找到解决办法的问题。这类调查研究选题完成后，首先向该选题提出者汇报、呈送，一般都会有回复、结果。

2. 要根据领导分工来选择服务对象。按调查研究报告的不同内容呈送分管领导或有关领导，这样更容易引起领导关注和重视。

3. 要了解领导在一定时间内重点抓的工作。领导同志考虑问题、抓工作，一般在一段时间内都有一个重点，调查研究部门可根据各个领导不同的工作重点或最关心、最迫切要解决的几个问题，报送相关的调查研究成果，往往会产生"不谋而合""一拍即合"的效果。

(二) 掌握时机

有些调查研究，花了很大功夫，选题也是对的，为什么反响不大，没有起到应有的作用呢？其中一个原因，是没有把握好时机。因此，掌握时机也是提高调查研究成果运用效果的一种艺术。

1. 超前调查，适时呈报。凡是重大决策问题都是领导普遍关心的调查研究内容，但在成果运用上要适时。通俗地讲，要快一拍，迟了，成了马后炮，起不到关键作用，满足不了领导科学决策的需要；超前太多，远水不解近渴，也不能引起领导的高度重视。

2. 掌握资料，及时呈报。就是对平时的调查研究资料，不论与调查研究选题有关还是无关，都要珍惜、积累、保存下来，到需要时就能发挥作用。对一些选题比较大、周期比较长的调查研究资料，其中有些单个的突出问题，时效性比较强，急需反映，不宜等到最后综合汇总，或者防止被大量的综合资料淹没了，这就有必要单个问题及时呈报。

3. 抓住热点，随时呈报。各个部门、各个地区的工作都有几个"热点"，这些"热点"往往是各级领导最关注的问题。各级调查研究部门应当急领导之急，要盯住这些热点不放，跟踪调查，随时呈报。

三、调查研究成果的运用

将调查研究成果转化为领导科学决策,是政府机关调查研究部门运用调查研究成果的主要的、基本的途径,但并不是运用调查研究成果的唯一途径。

(一)指导基层工作

一个好的调查研究成果不仅具有服务领导科学决策的作用,而且对基层工作具有指导作用,对理论研究则具有积累资料、开阔思路的作用,对社会具有宣传、教育作用。因此,广泛运用调查研究成果,要在服务科学决策的同时,还要开辟多种渠道,发挥多种作用,实行综合运用,收到最大收益。

(二)形成对话机制

在和群众对话等活动中,充分运用调查研究成果。随着广泛建立社会协商对话制度,要求各级政府机关都要加强和人民群众直接对话,以及时地、畅通地、准确地、高效地做到下情上达、上情下达、互相理解、深入沟通。各级政府机关的调查研究部门都担负着宣传党的路线、方针、政策的任务,也有一个加强和基层群众直接对话的客观要求。而且各级调查研究部门都占有比较详尽的调查研究资料,更具有搞好这项工作的优势。目前,不少调查研究部门开始注意加强这方面工作,并成为运用调查研究成果的重要渠道。

(三)充分利用成果

在学术研究过程中,充分运用调查研究成果。政府机关的调查研究部门的工作重点虽然不在学术研究上,但有很多调查研究成果可以为学术研究提供资料、提供新的思路,包括一些原始的调查资料、统计资料,以及一些比较新颖的见解,都是进行学术研究的宝贵素材。调查研究工作者在完成本职工作的前提下,可以运用这些资料进行某些学术研究,这对于提高调查研究工作者的素质和提高调查研究水平,都是很有好处的。

此外,在报纸、杂志、电台等新闻渠道,充分运用调查研究成果。将调查研究材料转化为通讯报道、评论、理论文章等,通过各种新闻渠道发表出去,这也是扩大调查研究成果影响,实行综合运用的一个重要方面。

(四)收集反馈信息

调查研究成果的反馈,是及时发现调查研究成果转化为领导科学决策或通过其他途径运用后的偏差,并及时有效地进行调整的重要依据。这是调查研究成果运用的一条极为重要的原则。

调查研究成果反馈的基础工作是收集反馈的信息,包括收集调查研究成果运用全过程的各方面信息。一是有关调查研究成果在实际运用后各个方面的评价反映的信息;二是有关调查研究成果在实际运用过程中所产生的影响及反映的信息;三是有关调查研究成果运用的实际效果的信息。

收集反馈信息的同时,要不断地进行分析、处理、利用、调节。按照反馈的原则,反馈信息的利用包括两类:一类是调查研究成果在运用过程中克服由于外界影响而偏离目标所实施的调整、控制,称为负反馈;一类是调查研究成果在运用过程中不断加强原有的目标所实施的调整、控制,称为正反馈。这样，通过反馈，使调查研究成果日臻完善、更加充实。

调查研究成果的反馈过程中，要特别强调两点：一是信息要加工。并不是对所有原始信息（包括各种评价、反映）都需要采取调节措施，而要进行认真筛选、分类、比较，并加以综合分析，如果把握不准，调节过分，反而会使目标更加偏离。二是反馈及时。发现偏差，及时调整，以尽可能避免工作的失误和被动。

（五）发挥成果作用

发挥调查研究成果的多种作用，要正确处理好与科学服务决策的关系。作为政府机关的调查研究部门，要在为科学决策服务的前提下，努力使调查研究成果发挥重大作用。在这方面要注意防止两种倾向：一种倾向是单纯强调服务科学决策的作用，而否定或忽视调查研究成果的多种作用以及综合利用；另一种倾向是把精力放在四处投稿上，而影响和削弱服务科学决策的主要作用。特别是，有的调查成果还未汇报，领导还未决策，就个人抢先投稿，这是不妥当的；有的调查研究情况不宜公开，而且已引起领导重视，正在解决之中，而参与调查研究者又通过其他渠道传播出去，造成不良影响，这是要切实防止的。

第九章
调研机构建设和队伍建设

近年来，越来越多的政府部门设立了专门的调研机构，这在过去并不多见。也正因为如此，一些同志对于设置调研机构的必要性还有些不同的意见，已经设立了调研机构的政府机关对调研机构性质和作用的规定以及调研机构建设的做法也不尽相同。

本章将就政府机关要不要设立专职调研机构、调研机构如何建设以及调研队伍建设等问题谈一些看法。

第一节 建立健全调研机构

早在革命战争年代，我们党的一些领导机关就曾设立过专门的调研机构；在建国初期，一些地方的党委和政府也曾设立过研究室之类的部门。只不过由当时的任务和条件所决定，设置调研机构的机关比较少，而且一般在较高的机关。因此，今天我们提出政府机关设立专门调研机构的必要性问题，实际上是指政府机关都应普遍地设立调研机构,亦即建立健全政府机关专职调研工作系统的必要性的问题。

正确地认识调研机构的性质和任务,这是探索调研机构开展工作的路子和加强调研机构自身建设首先需要回答的问题。

一、调研机构的性质

从目前的情况看,政府机关设置的专职调研机构,一般有研究室(司)[或政策研究室(司)、调研处(室)]、研究中心和咨询委员会三类,这三类机构一般是分设的,也有的是一套人马挂两块牌子。他们各自的组织形式和活动方式有所不同,但工作的性质是相近的。因此,这里所讲的机关调研机构的性质,是就这三类机构的共性而言的。

调研机构是为同级党委和政府服务的综合参谋部门,它的性质可以从两个方面看。

(一)从组织性质上看

政府机关的调研机构是政府机关的有机组成部分,是政府机关的一个部门,它是直接地、经常地通过调查研究为领导科学决策提供服务的。这就区别于其他社会研究单位和学术团体,如社会科学院、经济研究所、各种学会等。

政府机关调研机构的这种组织性质决定了它在工作上有一定的被动性。有的同志讲,政府机关调研机构的工作是"被动服务""为他人作嫁衣"。这种被动性主要表现在相当一部分选题是根据领导的意见或意图确定的。这种被动性是必要的,也是有益的。因为政府机关调研机构作为领导科学决策的参谋部门,是以服务于领导科学决策为己任的,它的工作必须围绕领导的现实需要去进行,急领导之所急、想领导之所想,这是调研机构开展工作的一个基本指导思想。同时,调研机构按照领导所出的选题进行调查研究,最后形成的调研成果也容易引起领导的重视并有利于转化为决策,从而使自己能够更好地发挥作用。如果政府机关调研机构脱离领导的现实需要,另搞一套,那就不但不能直接地、及时地服务于领导科学决策,而且也没有以政府机关调研机构的形式存在的必要了。

(二) 从工作性质上看

政府机关调研机构从事的工作又是一种研究性工作,它不具有任何管理、指挥的职能。这就区别于其他一些部门,如办公室、主管部门等。

调研机构的这种工作性质又决定了它的工作具有一定的特殊性。比如,任务(选题)的确定,既有指令性的,也有自选的;与领导者的关系,在组织上是下级服从上级的关系,在工作上则是平等关系,即调查研究人员可以独立自主地发表见解,可以不以领导人的意志为转移,而领导人也可以自主采纳或不采纳调查研究人员的意见;在工作方式上,调研机构可允许甚至要鼓励"一张报纸看半天",当工作需要时作息时间也可以是弹性的,而其他的部门一般则不能这样。

有的同志讲,调查研究人员是"御用文人",做的是"官样文章",个人的创见越少越好。这种看法是不对的,也是有害的。前面我们讲到,政府机关的调研机构要以服务领导科学决策为己任,这不等于说,调研机构在工作中要顺着领导的竿子爬,发表的看法一定要与领导的看法相吻合。调查研究人员为领导科学决策提供的情况和建议,只能来自通过调查研究得来的材料和认识,而不是某某领导的主观认识。在调查研究中,是不适用下级服从上级的组织原则的。如果调研机构不能独立自主地发表见解,那么,它就不称其为调研机构了。

二、调研机构的任务

调研机构的任务,总的讲是为领导科学决策服务,具体来讲,主要有以下几项:一是根据领导科学决策的需要,开展调查研究,形成调查研究报告,供领导科学决策参考;二是按照领导的现实要求,在调查研究的基础上,把党的路线方针政策、上级指示与本地区、本部门实际相结合,将领导科学决策制作成书面材料,如起草重要文件和领导讲话稿等;三是组织调研网络,协调本地区、本部门的调研活动;四是完成领导交办的其他事情。

明确政府机关调研机构的任务,需要正确认识两个关系。

(一) 现实与需要的关系

政府机关调研机构的工作是属于"冷线"还是"热线",目前对这个问题有不同的看法。有的认为是"冷线";有的认为是"热线";还有的认为是"冷""热"结合,宜"冷"则"冷",宜"热"则"热",看领导的现实和需要。那么究竟哪一种看法对呢?我们认为,回答这个问题,首先要把"冷线"与"热线"的含义搞清楚。这里可以作两种解释。一种解释是就工作任务不同而言,研究政策性问题,这叫"冷线";处理日常事务,这叫"热线"。如果是这种解释的话,那么调研机构显然属于"冷线",或者主要是"冷线",这是没有疑问的。另一种解释是就研究政策问题而言,研究比较长远一点的政策问题,属于"冷线";研究当前急需解决的问题,即为"热线"。如果是这种解释的话,我们认为,当前调研机构应该"冷""热"结合,以"热"为主,以后可能要逐步向"冷""热"结合,以"冷"为主过渡。理由是,调研机构的任务是由领导机关的任务所决定的,领导机关需要解决的实际问题,既有长远的也有眼前的,特别是当前改革当中,新情况、新问题不断出现,领导机关必须要花费大量的精力去研究这些新情况、新问题。但随着各方面关系逐步理顺,领导机关和调研机构的工作重点将逐步转到研究比较长远一点的问题上来。需要指出的是,这里所讲的长远问题,并不是指那些遥远的,对当前毫无用处的问题,而恰好相反,研究这些问题,对于指导当前的工作,明确今后的方向,都有着重要的意义。研究长远的问题,也不是说不要研究当前的问题,而是要把现实和需要两者有机地结合起来。

(二) 调研与综合的关系

调研机构必须从事调查研究工作,这是不言而喻的。但调研机构还应不应该承担起草文件、报告这类综合性的文字工作呢?有一种看法认为,调研机构只应该做调查研究工作,起草文件、报告是办公室或其他部门的事情。还有一种看法认为,调研机构就是一个写作班子,搞调查研究主要是为起草文件、报告服务。在实际工作中,也确实存在着这两种情况,即只搞调查研究不搞综合服务或主要起写作班子的作用。我们认为,这两种认识和倾向都是有缺陷的。应该把调查研究与综合服务同时作为调研机构的两大任务，并使两者有机地结合起来。调查研究的目的是为领导科学决策服务，起草文件、报告就是调研成果转化为科学决策的最直接、最重要的形式。既搞调查研究，又搞综合服务，这也是政府机关调研部门能够更好地为科学决策服务的优势所在。当然，调研机构的综合服务主要是指导起草那些比较重要的、关系全局的文件和报告，至于一般性的文字材料原则上应由其他部门承担。如果把调研机构变成一个单纯的写作班子，那么它就不能很好地发挥参谋助手作用。调研机构的调查研究成果，有一部分是通过文件、报告的形式直接转化为科学决策的，还有一部分则是通过其他形式影响决策的。即使是专门的写作班子，如果不做大量的调查研究工作，也是很难写出好的文件和报告的。

三、调研机构的设置

调研机构设置一般有以下几种。

（一）调研部门

调研部门是调研机构的主体部门。在一些规模较小的调研机构中，这个部门是唯一的组织形式；在一些规模较大的调研机构中，一般设有若干个具体工作部门，调研部门则占有相当大的比重。

调研机构中若干调研部门的分设也没有统一的模式，上级机构与下级机构也没有一一对应的必要。主要是根据对调研领域的不同，而分设若干调研部门。有些地方的层次划分较粗，主要分设经济建设、精神文明建设、农村建设、军事领域这样几大类的调研部门。有些地方的层次划分较细，具体办法是，根据大类下面的不同战线，再细分若干具体调研部门。有的是一种主要战线分设为一个部门，如工业、农业、城建等；有的是几种主要战线合设为一个部门，如公共交通战线、农业财经战线、科教文卫战线等。哪些战线应单设一个部门，哪些战线应合设一个部门，主要根据其任务的多少、任务间的关联性以及调研力量而定。一个地方如果农业方面的调研任务占比不大，可以把这方面的调研任务合设到有关联的部门。

(二) 综合部门

许多政府机关的调研机构设有综合部门，而且综合部门在这些调研机构中处于比较重要的工作地位。即使是一些没有单设综合部门的调研机构，也有相当的承担有关综合任务的组织形式。一些完全未承担综合任务的调研机构，也与政府机关的有关综合部门有较为密切的业务联系。

调研机构中的综合部门主要承担着对当地重大情况的综合反映工作以及为政府机关起草重要材料的工作。这些工作能够及时了解政府机关领导的主要工作意图，能够及时掌握全局的重大工作情况。由于综合工作也需要进行一些调查研究，所以许多时候是伴随着调研工作、结合着调研选题同时进行的。在同时设有调研部门和综合部门的机构中，出现了调查研究与综合任务互相渗透的发展趋势。综合部门适当地开展选题调研，调研部门适当地参与综合任务。

由于综合部门承担着掌握全局情况的任务，成为了解、反映全局情况的"窗口",制定全局政策的"首脑",因此,有些地方也把组织、协调全局调查研究工作的具体任务交给综合部门来办理,使综合部门成为了政府机关领导全局调查研究的"智囊"。

综合部门还有一种特例,就是一身两任。在政府机关中,既是调研机构的综合部门,也是办公室系统的综合部门;既承担重大情况的综合和文件材料的起草,又承担日常信息的收集、整理,以及向上面反映情况。有的地方是一个部门兼任两面,有的地方是一个或者几个人兼任两面。

(三)社会性研究部门

有的调研机构,单设一个部门负责承担社会性的研究工作。调研机构也因而挂有社会性研究机构的牌子,如社会经济发展战略研究中心、社会经济研究中心等。

承担这项任务的调研机构也独立担负着社会性研究工作,成为一家面向社会的机构。一般情况下表现出三个层次:一是调研机构的主要领导同时担任社会性研究机构的领导;二是设置一个专门的部门,承担社会性研究机构的日常组织工作;三是整个调研机构担负着研究机构的骨干工作。

(四)刊物编辑部门

调研机构,一般都编有一至几个内部刊物,有的仅发给同级领导,有的向下发,甚至发到基层的企、事业单位。承担刊物的编辑工作,有的单独建立一个刊物编辑部门,有的与资料工作部门合设为一个部门,结合资料信息的整理一并进行,有的设在其他工作部门中,如综合部门、秘书部门等。刊物工作,在调研机构中具有重要的作用,是调研机构开展调研活动、反映调研成果的一个重要阵地。

四、调研机构的制度

政府机关的调研机构,需要根据自身的工作特点,逐步建立起一套科学的工作制度,以保证调研工作有秩序、高效率地运行。调研机构的工作制度主要有以下几种。

(一)目标管理责任制

实行目标管理,是调查研究工作建立科学工作秩序的一项重要内容,是调查研究管理工作的一个新课题。这项管理制度的主要含义是:首先明确提出本部门一定时期的工作总任务,其次是将这些任务分解而形成一套目标体系,管理工作是围绕着目标实现而进行的。

目标管理责任制的特点:一是确定性,目标的数量、质量、完成时间均要十分明确具体,既不能含糊不清,也不能随意变动,是一个时期管理工作的主要依据;二是层次性,提出的目标层次分明,条理清楚,有总目标、分目标,层层相联、层层传导;三是一致性,各项目标的设定、完成的要求虽有不同,但总目标要一致,不能相互矛盾、彼此排斥;四是发展性,目标是延续的、发展的,不是今年做这几件事,明年还做这几件事,不增不减,而是不断实现旧目标,提出新目标。

目标管理责任制的主要内容:一是科学提出目标。这是整个制度的基础内容。需要根据有关因素,科学地提出一个时期的目标,这些目标既不能一蹴而就,也不能高不可攀。二是合理分解目标。这是整个制度得以执行的前提条件。需要根据整个机构中各部门职责情况，把整个目标分解到所有部门，从量上看，分解的各项目标之和应该等于或者大于总目标，而不是小于总目标。三是明确落实目标。这是整个制度的关键。目标提出来了，并且分解了，怎样具体完成呢？要提出明确的时间要求，要指定明确的责任人。四是严格检查目标。这是整个制度能够完成并不断深化的重要保证。要针对责任的落实情况，提出严格的奖惩措施，并且还要提出这项制度不断完善、工作目标不断更新的办法和措施。

（二）岗位职责责任制

这是调查研究机构的一项基础性的规章制度。调查研究机构中的每个部门都设有若干个具体工作岗位，每个岗位也都有明确的责任，调查研究工作任务都必须由具体岗位来完成。每个工作岗位都得到有效的管理，整个调查研究部门才可能得到有效管理。

建立岗位职责责任制的主要措施：一是定人定岗。每个部门都要根据其工作范围设立若干个工作岗位，每个人都要明确自己的工作岗位，也就是进入自己的岗位。二是岗要定责。每个工作岗位都要根据承担的任务，明确制定工作职责。三是责任明晰。明确每个工作岗位的责任，就要相应地明确每个工作岗位的权力与工作干得好坏所受到的奖惩。

（三）选题分工责任制

这是调查研究机构的一种专项工作责任制。调查研究工作一般是以选题为中心、为龙头，组织调查研究的工作人员，有的甚至要联合几个部门的工作人员,有的还要在调查研究机构之间、调查研究机构与其他机构之间联合工作人员来开展。这样,有些部门性的规章制度就难以奏效。既然工作是以选题为中心开展,就有必要围绕着选题建立责任制,约束所有参加同一个选题工作的人同心协力地开展工作。选题分工责任制的要求:一是选题要明确。一项选题不仅只有题目,还应对主要内容阐述明确。二是责任人要明确。要确定选题的组织领导人员,具体工作人员以及具体分工要明确。三是完成时间要明确。一项选题的完成时间虽然有一定弹性,可能提前也可能延迟,但是应该划定时间界限。四是工作规范要明确。一项选题的进行,有些什么具体要求,应该突出什么、应该注意什么要明确。五是奖惩办法要明确。

课题分工责任制,需要处理好几个关系:一是处理好整个调查研究机构的重点课题与其中各个调查研究部门的重点选题的关系,小重点要围绕大重点、服从大重点。二是处理好指令性选题与自选选题的关系,在保证完成指令性选题的过程中,"派生"一些自选选题交叉完成。三是处理好长期性选题与临时性选题的关系。长期选题不断线,临时选题不拖延。

五、调研工作的管理

所谓调研工作管理,指在一次调查研究的全过程中对调查人员、经费、实施调查、整理资料、学术交流等各方面进行有效的组织计划、指挥、协调、控制等一系列管理活动。这是调研机构的职能和职责,调研组织者应依据管理活动的原则和要求来组织实施，保证调研能够按照调研总体方案的部署进行。

调查成功与否，在很大程度上取决于调研工作管理者的能力和水平。因此，在调查过程中要注意以下几点：一是收集资料的过程中是否建立起有效的信息反馈系统；二是能否在遇到阻碍时迅速采取有效对策排除；三是能否及时收集各小组的工作信息，合理地给予调节；四是能否建立起调查负责人与调查员之间必要的反馈联系；五是能否科学地分析调查工作过程中出现的新情况、新问题，清晰地判断、测定妨碍调查任务圆满完成的各种因素并及时作出决策，使调查实施程序和方法不断完善。

(一) 调研工作计划管理

调研工作计划管理是科研管理的重要组成部分，是促进现代科学发展，满足各类社会调查研究发展需要的有力手段。其主要内容包括计划的制定、实施、检查、调整和总结。

调研计划管理工作应抓好以下两个环节：确定调研选题和调研成果鉴定。确定调研选题一定要慎重、周密、联系实际。如果选题不准和草率，对困难和问题估计不足，都会使调研工作中心不明确，抓不住调研工作中心以致中途变换调研选题，这是调研工作之大忌。调研成果鉴定必须严格遵循一定的工作程序，在鉴定之前要制定严密的鉴定计划、科学的鉴定程序和具体的考察测量办法，以使调研成果真正地得到科学的评价。

(二) 调研工作人事管理

调研工作人事管理，指对调研人才的选拔、业务考核培养、使用和调配等，它不同于其他部门人事管理方面带有行政手段的强制性，而是忠实遵守科研工作规律和原则，合理选用、培养和使用调研工作者，以提高他们的主观能动性和创造性，提高调研工作群体的内聚力和行动效率。

调研工作人员管理主要有以下几方面内容：一是合理选用调研人员。选那些具有必备的基础理论知识和专业知识，具有实践精神和探索精神，并有相当社会活动能力的人员。二是科学地进行人员配置。具有比较好的年龄结构和智能结构，也就是说老中青三类人比例适当，具有各自的特长，才能使调研工作充满活力，行动效率更高。三是分工明确具体。根据研究选题的需要，合理安排和分配工作任务，使每个人都能发挥潜能，作出贡献。

(三) 调研工作学术管理

调研成果具有学术价值和应用价值，是研究工作者努力奋斗的主要目标。调研工作学术管理是一种科研业务管理，不是行政管理模式，也不是用行政管理能够管好的。

调研工作学术管理，是根据调研工作的性质、业务内容、调研选题方向、调研范围等具体情况进行的一项管理工作，是紧紧围绕实现调研成果价值而开展的一系列管理活动。其主要内容是学术交流，如学术成果、学术经验、学术信息的交流，这是学术管理的重要内容，也是实现学术价值的重要途径和手段。学术交流方式有很多，主要包括：学术指导，即请有关方面的专家、学者来指导学术活动或举办讲座、培训班；组织编写学术著作或举办学术刊物，反映学术成果，让社会各方面评价；召开学术讨论会或学术信息发布会，交流学术成果和学术信息，听取各方面意见，改进调研工作。

（四）调研工作经费管理

调研工作经费管理是从提高调研活动的经济效益出发，利用经济手段来进行管理的方式。实施调研工作经费管理，是管理工作按经济规律办事的方法之一，也是调研活动的主要内容。如，用经济核算观点来建立核算体系，实行财政监督、预算包干等措施；此外，对调研设备、资料等的管理手段也都是经费管理的重要方面。

调研工作经费管理的主要内容包括：一是合理预算调研经费，准确把握各个环节的经费需求数量。二是合理安排调研经费，量体裁衣、量入为出，减少不必要的浪费。三是科学制定调研经费使用管理规章制度并严格执行。四是随时掌握调研活动经费的开支情况，精打细算、合理使用。五是及时、准确地对调研经费进行总核算，防止超出预算。

第二节　调研队伍的结构与素质

调研队伍，是集聚不同年龄、不同学科、不同专长的人而组成的一支专业队伍。注重这支队伍的群体最佳组合效应与个体较高的政治思想、业务能力、综合素质等，有着十分重要的意义。

调查研究

一、优化群体结构

调研机构的群体效应如何,关键在于这个群体是否有比较优化的结构。从系统论的观点看,世界上的事物都是由诸要素以一定结构组成的,并由此获得不同于个别要素功能简单相加的整体功能,如果其结构组成不合理,诸要素会相互牵制抵销,必然会妨碍整体的作用;如果其结构组成合理,诸要素会相互补充、完善,就会发挥出大于诸要素之和的整体效应。

调研机构主要应该注重以下几个方面结构的优化问题。

(一) 知识结构

一个人无论多么博学多才,也不可能面面精通,只会是有所侧重。在一支队伍中,如果所有的人其知识面都只侧重于某一个或者少数几个方面,尽管单个看水平很高,但适应不了工作多方面的需要,这算不上知识结构优化。如果所有的人的知识侧重太分散,没有紧紧围绕调查研究本职工作的需要,尽管方面很多,也满足不了工作的需要,这也算不上知识结构优化。调研队伍的知识结构优化,是要通过每个人的知识侧重,根据工作的需要进行整体的合理搭配。如何搭配出优化的知识结构呢?

1. 知识层次多方面。调查研究工作是一项涉及面广、综合程度高的工作,需要多方面的理论知识和业务知识。知识层次太单一、狭窄,无法胜任工作。当然,知识领域的多方面,并不需要包罗万象,而是有针对性、有目的的多方面。

2. 知识内容系统化。调研队伍的知识结构应该是系统化的知识结构。知识陈旧、结构老化，现代的新知识知之甚少，也是无法胜任工作的。应该要求调查研究队伍的成员各有侧重地盯住系统的知识领域，及时获取新的知识营养。

3. 知识结构宏观性。从调查研究工作看，大量需要的是比较宏观的、综合的知识，而专业技术性太强的知识相比较就少一些。因此，调研队伍的知识结构，宏观性的要占相当大的比重。

4. 知识类别社会化。调查研究工作是为领导科学决策服务的工作，领导科学决策需要运用大量社会化知识，因此，调研队伍应该具备这类知识。强调社会化管理的知识结构，其一是社会科学方面的知识多于自然科学方面的知识，其二是实际运用方面的知识多于理论探索的知识。

(二) 能力结构

从事任何一类工作，都必须有相应的业务能力。调查研究工作，虽然并不需要十分精细的分工，但是需要结合工作任务，形成不同能力搭配的调研队伍。

1. 要有一批"帅才"。在调研队伍中要有一批"思想家"，他们能够纵观全局、洞若观火，出思想、出观点、出主意。有一种察微知巨、"未卜先知"的本领。否则，在调查研究工作中要想开拓、创新就十分困难了。

2. 要有一批"将才"。所谓"将才"就是"组织实施家"，他们能够根据工作的需要，提出实施方案，具体组织落实，把思想、观点、主意付之于实践。一支调研队伍，如果没有这样一批人，再好的"思想"也只是"空想""幻想"，调查研究工作也不可能有效地开展起来。

3. 要有一批"干才"。"干才"，就是一批"实干家"，好思想、好方案都是需要人去实践、去落实的。他们有较强的动手能力，能够通过自己创造性的劳动，完成各项具体任务。在调研队伍中，应该有多方面的"干才"。比如有的人会跑"外交"，有的人会管"内勤"；有的人会写"鸿篇巨著"和大报告，有的会写"豆腐块"和日常公文；有的人长于写，有的人长于说（善于口头表达）；有的人会"挑剔"找问题，有的人会"补台"提建议，等等。由各方面"干才"组成的调研队伍是能够有声有色地开展各项调研工作的。

在调研队伍中，每个人的业务能力并不是单一的，并不是只会想不会干，或者是只会干不会想。每个人的业务能力，相比较而言各具特点，你侧重这方面，他侧重那方面；你侧重一两个方面，他侧重三四个方面。根据各自的特点、侧重，合理搭配好调研队伍的各方面人才，就会形成优化的调研业务能力结构。

(三) 年龄结构

调研队伍应该由不同年龄的人组成，不同年龄的人各自拥有不同的优势。按一定的比例组织不同年龄的人，就可以形成调研队伍优化的年龄结构。

1. 中、青年应占较大比例。调查研究工作是一项开拓性的工作，需要不断进入新的阵地；调查研究工作又是一项很辛苦的工作，经常是夜以继日、风里来雨里去地跑。因此，需要有敏捷、灵活的思维，强壮的身体。在这方面年轻人比年纪大的人有优势。相对多地集中一些年轻人，充分发挥他们的优势，在调查研究工作的第一线冲锋陷阵，就能保证工作任务能够及时完成。

2. 要有一定数量的"老调研"。在调研队伍中,要保证有一定数量的"老调研",他们在这个工作岗位上干的时间长,有丰富的阅历、经验。在复杂的情况下,能起到"老马识途"的指挥作用;在日常的工作中,能起到"传帮带"的作用。

在调研队伍中,新老结合,就能够保证调查研究工作的连续性、稳定性,才可以不断地取得进步。

(四) 气质结构

调研队伍的组成,还应该注意不同性格气质的人合理搭配,形成一种心理、情绪互补的工作环境。

人的性格各异,有的人性格外向,善于交际,爱好相互协同;有的人性格内向,喜欢独自思考,不大"合群";有的人性格急躁,工作泼辣;有的人性格温和,办事谨慎。一个人的性格会有好的和不好的方面,有的虽节奏快但较粗心,有的虽细致但较拖拉。应该注意不同性格的人兼收并蓄,不能过分偏好。

同时,组织不同性格的人到一起,还要注意协调、融洽相处,才能够真正发挥各种性格好的一面,克服不好的一面。

二、培养个人素质

"个体"是群体的"细胞",个人素质是群体效应的基础,也是基石。个人素质的培养,包括思想与业务两大方面。

(一) 思想素质

思想素质,是决定调查研究人员成长方向的关键性因素。还包括政治素质、道德素质等因素,具备优良的思想素质,必须在提高马列主义思想觉悟的前提下树立以下精神:

调查研究

1. 求实精神。调查研究人员在工作中,必须坚持实事求是的思想,这不仅仅是调查研究的一个工作方法问题,更重要的是培养调查研究人员优良的思想素质的一项主要内容。每一个调查研究人员,深入实际进行调研工作,应该尊重客观事实,从客观事实中引出调研结果,而不是凭主观臆想。尤其是客观实际与调查研究人员的思想认识发生矛盾,与领导的意图发生矛盾,这个时候,不应该报喜不报忧,不能说假话,而应该从实际出发,如实反映情况,为领导提供真实的材料。特别是在一些重大原则问题上,应该敢于坚持真理、坚持原则。树立实事求是的思想,还需要学会辩证地看问题、发展地看问题、联系地看问题。孤立、静止地反映情况,有闻必录、照抄照搬地搞调查研究,这并不是实事求是。

2. 创新精神。调查研究工作是一项探索性很强的工作,需要不断地研究新情况、发现新问题。同时,当前蓬勃开展的改革和建设,就是一项伟大的开创性事业,这就更要求调查研究人员具备较强的开拓创新意识,破除安于现状、墨守成规、故步自封等思想观念,在实际的调查研究活动中,在错综复杂的情况下,敏锐地捕捉有价值的新信息,从中探求新苗头、新动向,并据此提出创造性的新意见。只有这样,才能真正搞好调查研究工作。

3. 牺牲精神。在调查研究部门工作的同志需要具备较强的牺牲精神。因为,调查研究工作大量从事的是默默无闻、无名无利的工作,自己辛勤调研的成果往往体现在报告、文件之中,这就要求调查研究人员甘当无名英雄,不计较个人得失,乐于为领导的科学决策,为各种报告、文件贡献自己的聪明才智。

调查研究工作是一件非常辛苦的工作,一方面,这是体力上的辛苦,常年要四处奔波,深入到基层,到工厂、农村,夏顶烈日、冬迎寒风,时常为完成一项选题、一项材料加班加点。另一方面,这是脑力上的辛苦,经常要绞尽脑汁、费尽心血地分析情况、提炼观点、设计对策方案,并且还要字斟句酌地拟定调查研究报告、文件材料,这就要求调查研究人员不怕困难、乐于吃苦,发扬"春蚕到死丝方尽,蜡炬成灰泪始干"的牺牲精神。调查研究工作也是一件经常为基层排忧解难的工作,为基层出谋献策的工作,这也需要调研人员不能以"调"谋私,不能乘工作之便索取非分的报酬,应该甘当老黄牛,把为基层作贡献当成自己应尽的职责。

(二) 业务素质

调查研究人员还必须具备优良的知识业务素质,即较高的知识水平和较强的业务能力。

第一方面,具备较高的知识水平,主要是:

1. 要成为"专才"。每个调查研究人员,都应该有自己的知识侧重领域,首先要做到应知应会,要努力成为这方面的"行家里手",在调查研究工作中就可以熟练地运用专攻专学的知识,深化调查研究工作。选择自己知识的侧重领域、专攻方向,有三种办法可以采用:一是所学专业知识。有的是在各类学校、有的是自己多年自学,已经比较系统地钻研了某个方面的知识。一般情况下不应该舍此再另求新的方面,即使是具体的工作一时用不上,也不要随便放弃,而应该继续列为自己主攻的方向。二是本职业务知识。干哪一行,就应该研究哪一行,这是调查研究人员需要树立的思想。每个调查研究人员，应该根据本职工作，选择相关的专业知识作为自己的主攻方向。虽然具体工作中，今天跑这个选题的调研，明天跑那个选题的调研，各不相同，但一般情况下，大类是相同的，或是经济建设，或是精神文明建设，就应该根据这个大类，选择自己的专业知识主攻方向。三是基础理论知识。调查研究工作岗位上的成员，无论从事哪个方面的调研，都应该选择有关的基础理论知识作为自己的主攻方向，经过长期的努力，争取打下比较坚实的理论基础。选择自己钻研的主攻方向是有层次性的，有的是自己长期甚至终生钻研的，有的是自己随着工作的变换在相当长的时期内钻研的。不同层次的主攻方向，相互配套，既克服了学习与工作脱节的矛盾，又避免东抓一把、西舀一勺的毛病。

2. 要成为"通才"。从事调查研究工作，应广泛涉猎社会科学和自然科学知识，具备开阔的知识面。视野开阔，有助于综合分析问题，提出意见。孤陋寡闻，井底之蛙，很容易产生片面性的认识。广泛学习并不是无目的地乱翻、无选择地乱读。应该有目的地、有选择性地进行。应该结合自己研究的主攻方向、结合自己从事的工作、结合自己学习的志趣，有目的地博览群书。从事调查研究工作的人，一般应学习哪些方面的知识呢？一是必须学习马克思主义的辩证唯物主义与历史唯物主义理论，应该认真学习；二是必须学习一些历史知识、社会发展史知识，如从事经济调查研究的人，可以读一读经济发展简史；三是必须学习一些与调查研究工作有关的新的学科知识，如领导科学、管理科学、社会心理学等；四是必须学习一些与自己主攻专业相邻的专业知识；五是必须学习一些普及性的自然科学知识，了解一些重大的自然科学进展情况以及前沿知识；六是必须学习一些语言文学知识，如修辞学、传播学等。以上各项，还并没有总括调查研究人员应该"泛读""博览"的全部知识领域，每一个人还需要结合自己的工作以及精力、兴趣，更广泛地学习一些有用的东西。

第二方面，具备较强的业务能力，主要是：

1. 社会交往能力。从事调查研究工作，一项特有的技能就是要善于交往联系。调查研究工作坐在机关里是无法进行的，必须深入实际，广泛接触各方面的人，有熟悉的也有陌生的。到一个地方找一个人，具体讲什么问题、怎样寒暄介绍、怎么思想接近、怎么进入话题，都有个社会交往联系的问题，善于处理就能够迅速打开场面，开展调查研究工作。交往联系能力，还有一条就是能够结交一批知心朋友，能够与他们坦诚相见、息息相通，能够从他们那里获得真知灼见。

2. 观察收集能力。具有敏锐的观察力，能收集到有价值的材料，这是调查研究人员必备的一项基本功。调查研究首先是要调查，也就是深入实际收集各类信息材料，面对纷繁的现象和错综复杂的矛盾，能不能从平凡的、常见的现象中，发现带有倾向性、规律性的东西，如果是身在庐山不识庐山面目，或者是视而不见，调查研究则会两手空空；或者是主次不分，调查研究则会如坠烟海。特别是在各种复杂、困难的情况下，再有一些因素的干扰、掩盖，能否观察到深层次的东西，收集到深层次的材料。所有这些，都存在一个观察收集能力的问题。

3. 思维分析能力。只调查不思考、分析，调查工作就会功亏一篑，所以调查研究人员还必须具备较强的思维分析能力。思维分析工作贯穿于调查研究全过程的工作，从开始到结束，既要认真思考每个阶段、步骤如何进行，采取哪些行之有效的办法；又要认真思考推敲调查研究的主题，紧扣主题形成有价值的调查研究成果。换言之，如何使调查研究工作卓有成效，调查研究结果能为决策服务，这不仅是收集材料之后再坐下来想的事，而是从调查研究的开始就要不断考虑的事。另外，调查研究人员无论是否从事一项具体的调研，都要时时纵观全局，时时思考分析，这也需要调查研究人员具备思维分析的能力。

4. 文字表达能力。调查研究工作不是孤立封闭式的工作，而是与社会广泛交往、大量获取信息、大量输出信息的工作，因此，调查研究人员还必须具备较强的表达能力，包括说的能力和写的能力。在调查研究过程中，接触调查对象，需要表达清楚自己的调查研究目的、意图，否则，调查对象难以提供有针对性的材料。汇报、反映调查研究情况，需表达清楚要说的内容，否则听情况的人不得要领、不解其意。从事调查研究工作，离不开写作，大到写长篇调查、重要的文章材料，小到写信息动态、请示汇报材料等，既要讲究内容正确深刻，又要讲究文字简洁生动。这些都需要具备较强的写作能力，才能得心应手，表达清楚调查研究的成果。如果见诸文字时，词不达意、语言晦涩，写的句子别人难以看懂，或者容易产生歧义，那么虽然调查研究辛辛苦苦，材料丰富，也实现不了应有的使命。

5. 组织协调能力。开展一项调查，或者是组织几个不同方面的人介绍情况,或者是配合几个部门共同进行,这些都需要做大量的组织协调工作。同时,领导经常交办一些临时性的解决矛盾、论证材料等工作,也需要进行组织协调。能够较好地处理原则性与灵活性的关系,妥善地组织协调各个方面的观点、人员以及部门,调查研究工作才能顺利开展。这些都需要调查研究人员具备较强的组织协调能力。

6. 科学决策能力。调查研究人员,特别是调查研究部门的领导人员,时常会受领导的委派,参与一些科学决策工作,因而也需要调查研究人员具备较强的科学决策能力。

7. 使用工具能力。随着调查研究工作的现代化,调查研究工作的手段也将逐步现代化,因而调查研究人员需要具备一些使用现代化调查研究工具的能力,如现代化的信息记载、储存、检索、分析、传递工具等。能够做到熟练地掌握几项本领,或者是能够全面了解、会简单使用各类现代化调查研究工具。

(三) 心理素质

心理素质是调研工作者的某些心理活动和心理特征中所表现出的素质和特性。它是通过学习、锻炼,养成的良好心理品质的过程,但是集体舆论、环境陶冶和教育训练也是相当重要的,必须引起我们高度重视。

此外,调研工作是复杂的工作,调研对象的复杂性和工作的艰巨性必然会引起调研工作人员复杂的心理反应,如果没有良好的心理素质,就不可能适应艰苦、复杂的调研工作需要,也就不可能完成好调研任务。因此,加强调研工作者的心理素质锻炼,是提高调研工作者的个人素质的重要环节。

后记

调查研究是公职人员的一项基本功,调查研究的实践需要调研工作的理论创新,如何实现调研工作的理论创新,如何更好地继承和发展我们党在调查研究方面的优良传统和务实作风,如何更好地发挥调查研究在科学决策中的重要作用,如何针对公职人员的自身特点加强调查研究队伍建设,如何提高调查研究人员的综合素质,如何掌握调查研究工作规律等,这些都是公职人员在调查研究实践中必须面对和认真探讨的问题。

本书从调查研究工作的原则到实践,再到调查研究工作技巧和成果运用,以及调查研究人员素质提升和调查研究队伍建设,都做了详尽的论述和研究。本书可作为公职人员开展调查研究工作的案头读本,也可供从事机关领导工作、文字工作以及社会工作的同志参考。

由于作者水平有限,时间仓促,书中难免存在不足之处,希望读者批评指正。